Je veux réussir mon droit

Méthodes de travail et clés du succès

Isabelle Defrénois-Souleau

Je veux réussir mon droit

Méthodes de travail et clés du succès

6ᵉ édition

2007

Le pictogramme qui figure ci-contre mérite une explication. Son objet est d'alerter le lecteur sur la menace que représente pour l'avenir de l'écrit, particulièrement dans le domaine de l'édition technique et universitaire, le développement massif du photocopillage.

Le Code de la propriété intellectuelle du 1er juillet 1992 interdit en effet expressément la photocopie à usage collectif sans autorisation des ayants droit. Or, cette pratique s'est généralisée dans les établissements d'enseignement supérieur, provoquant une baisse brutale des achats de livres et de revues, au point que la possibilité même pour les auteurs de créer des œuvres nouvelles et de les faire éditer correctement est aujourd'hui menacée.

Nous rappelons donc que toute reproduction, partielle ou totale, de la présente publication est interdite sans autorisation de l'auteur, de son éditeur ou du Centre français d'exploitation du droit de copie (CFC, 20 rue des Grands-Augustins, 75006 Paris).

DALLOZ

31-35 rue Froidevaux, 75685 Paris Cedex 14

Tous droits de traduction, d'adaptation et de reproduction par tous procédés réservés, pour tous pays.

Toute reproduction ou représentation intégrale ou partielle, par quelque procédé que ce soit, des pages publiées dans le présent ouvrage, faite sans l'autorisation de l'éditeur, est illicite et constitue une contrefaçon. Seules sont autorisées, d'une part, les reproductions strictement réservées à l'usage privé du copiste et non destinées à une utilisation collective et, d'autre part, les courtes citations justifiées par le caractère scientifique ou d'information de l'œuvre dans laquelle elles sont incorporées (art. L. 122-4, L. 122-5 et L. 335-2 du Code de la propriété intellectuelle).

© Éditions Armand Colin, 1986
© Éditions Dalloz, 2007

Sommaire

Chapitre 1
Apprendre le cours 1

Chapitre 2
Lire et comprendre une décision de justice 23

Chapitre 3
La fiche de jurisprudence 51

Chapitre 4
Chercher et trouver de la documentation 61

Chapitre 5
La dissertation juridique 107

Chapitre 6
Le commentaire d'arrêt 127

Chapitre 7
Le cas pratique et la consultation 161

Chapitre 8
Le commentaire de texte 181

Chapitre 9
La note de synthèse 193

Chapitre 10
L'exposé oral 207

Chapitre 11
Les épreuves orales 217

Avant-propos

Je veux réussir mon droit *est le guide qui prend l'étudiant par la main et lui apprend comment travailler efficacement.*
D'abord tous les exercices propres aux études de droit – la dissertation juridique, le commentaire d'arrêt, l'exposé oral – sont expliqués en montrant chaque fois ce qu'il ne faut pas faire, ce que l'enseignant attend et la marche à suivre *pour y parvenir. Des documents, des exemples, des plans illustrent les conseils de méthode pour rendre l'ensemble très concret.*
Mais surtout, au-delà des exercices demandés aux examens, l'ouvrage aborde aussi le travail personnel *de l'étudiant : comment apprendre et retenir les cours, faire des recherches, classer les documents, se présenter devant un examinateur...*
Des conseils pratiques *variés et adaptés avec précision à chaque difficulté que l'étudiant est susceptible de rencontrer lui permettront d'optimiser son travail.*
Cet ouvrage a pour ambition de suivre au plus près les besoins des étudiants grâce à l'ajout de méthodes et d'exercices demandés en fin de cursus universitaire, telles que la note de synthèse *et* la recherche par informatique. *Tous les arrêts proposés sont pris dans la jurisprudence récente.*
L'expérience a démontré que ceux qui utilisent régulièrement Je veux réussir mon droit *se montrent plus sûrs d'eux, plus à jour, en un mot qu'ils* dominent *au lieu de se laisser dépasser par le rythme du travail universitaire.*

CHAPITRE 1

Apprendre le cours

Ne soyez pas l'étudiant...

– *qui tente d'apprendre mécaniquement des centaines de pages, sans comprendre, en comptant seulement sur sa mémoire*
– *qui est toujours désarçonné par la question « pourquoi ? pourquoi cette règle, pourquoi cette institution ? »*
– *qui met toutes les rubriques du cours sur le même plan, sans distinguer entre les principes fondamentaux et la réglementation de détail*
– *qui croit qu'il a appris quand il a lu*
– *qui emploie des mots dont il ne connaît pas le sens*
– *qui murmure : « Excusez-moi, j'ai un trou de mémoire ».*

LES CLÉS

Comprendre pour apprendre

Un étudiant en droit doit apprendre chaque année des milliers de pages. Il est hors de question d'assimiler une telle somme de connaissances en ayant recours seulement à la mémoire. Chaque matière doit devenir pour vous un tout cohérent. *Vous retiendrez une matière ou une question lorsque vous en aurez saisi et ressenti la cohérence interne.* Les règles de droit ne sont pas artificielles et arbitraires. Vous devez comprendre leur raison d'être, leur finalité, leur esprit.

Apprendre la terminologie

Le droit a son vocabulaire et vous ne pourrez progresser sans apprendre *par cœur* un assez grand nombre de définitions.

Garder une trace de votre travail

Vous ne pouvez apprendre sans faire des plans, des fiches, des résumés, qui non seulement vous aideront beaucoup à inscrire et garder les questions en mémoire, mais encore vous seront précieux pour les révisions en vue des interrogations écrites, des partiels, des examens.

I. Importance du plan

Les cours de droit et les manuels juridiques sont très structurés, c'est-à-dire que leurs plans comprennent de nombreuses subdivisions. Vous pouvez y trouver des livres, des *parties*, des *titres*, des *chapitres*, des *sections* et des *sous-sections*, des *paragraphes*, des A, B, C, des I, II, III, des *a), b), c)*, des *1), 2), 3)*, des α, β, γ, etc.

Ne voyez pas dans ces subdivisions une difficulté, mais, au contraire, une aide pour comprendre et retenir un ensemble cohérent.

C'est la connaissance du plan qui vous permet de dominer la matière, de ne pas y être perdu, de la même manière que vous ne vous égarez pas dans une grande ville dont vous connaissez le plan.

A. Au cours

– Notez soigneusement le plan du professeur.
– Changez de feuille à chaque subdivision, sauf les plus petites.
– Et, surtout, lorsque le professeur annonce le plan qu'il va suivre, au début de chaque partie, chapitre ou section, ne regardez pas en l'air d'un air ennuyé (comme font la plupart). Notez l'annonce du plan qui vous permettra par la suite de toujours savoir où vous en êtes et ce qui reste à examiner.

B. Pour entreprendre l'étude d'une question

Commencez toujours par prendre connaissance du plan général, c'est-à-dire des grandes subdivisions. Vous pressentirez ainsi l'ampleur de la matière et son genre.

❏ Le plan retrace-t-il une **évolution dans le temps** avec des subdivisions correspondant à des étapes chronologiques ?

> **Par exemple :**
> I – Le droit romain. II – L'ancien droit. III – Le Code civil. IV – Les réformes postérieures au Code civil.
> *ou* : I – La doctrine classique. II – Les doctrines sociales. III – L'évolution de la jurisprudence. IV – Les réformes législatives récentes.

❏ Le plan est-il **descriptif**, avec des subdivisions qui présentent une énumération ?

> **Par exemple :**
> I – La loi. II – La coutume. III – La jurisprudence. IV – La doctrine.
> *ou* : I – Les juridictions du premier degré. II – Les juridictions d'appel. III – La Cour de cassation.

❑ Le plan présente-t-il une **classification** très structurée, permettant de définir des notions en les rangeant dans des catégories et des sous-catégories ?

> **Par exemple,**
> la classification des droits subjectifs ou les classifications des biens.

❑ Le plan présente-t-il une **institution** comme le mariage, le divorce ou bien un **acte juridique** comme le contrat ? Il va alors développer les règles qui les régissent, en exposant d'abord les *conditions* auxquelles ils sont soumis, puis les *effets* qu'ils produiront.

❑ Le plan expose-t-il un **problème juridique** ? Il délimite alors ce problème, puis le résout en exposant les règles de solution applicables, et leurs exceptions.

> **Par exemple,**
> le problème de l'application de la loi dans le temps que l'on résout à l'aide des deux principes de l'application immédiate et de la non-rétroactivité de la loi qui, chacun, comportent des exceptions.

C. Pour se remémorer une question

Au cours de vos révisions, ou pour répondre à une interrogation quelle qu'elle soit, vous devez vous remémorer vos connaissances, souvent rapidement. Vous y parviendrez facilement si vous avez bien assimilé le plan.

Le cerveau fonctionne par associations d'idées qui s'enchaînent de proche en proche. Vous éviterez l'affolement et le trop fréquent trou de mémoire par l'évocation (calme) de l'ensemble dans lequel la question s'intègre, puis de la structure générale de cette question (v. *infra*, chapitre 11, comment se remémorer une question et surmonter le trou de mémoire lors des épreuves orales).

❑ **Si la question est assez vaste,** vous devez d'abord absolument savoir sans hésitation dans quelle partie ou chapitre du cours elle se situe (nous vous en donnons le moyen par les conseils pratiques ci-dessous). Puis vous devez vous remémorer ses deux ou trois subdivisions principales qui, si votre travail a été correctement préparé (v. *infra*, p. 6), vous rappelleront par association le plan plus détaillé. Ce plan est alors à noter (si possible) et à ne plus perdre de vue.

❑ **Si la question est très étroite et précise,** c'est en la replaçant dans son contexte que vous pourrez y répondre. Nous verrons d'ailleurs

(v. *infra*, p. 221 et s.) que cette méthode consistant à situer une question dans l'ensemble de la matière crée une impression tout à fait favorable lors d'une réponse orale ou écrite.

CONSEILS PRATIQUES

Matérialiser le plan

Dans chaque matière enseignée, et surtout celles qui font l'objet de travaux dirigés, vous aurez une quantité de notes, travaux et documents. Tout cela doit être très soigneusement rangé et classé au fur et à mesure, et *c'est ce **classement** qui, dans chaque matière, permettra de matérialiser le plan*.

Il n'est pas conseillé de ranger les documents et feuilles de papier selon leur origine, avec par exemple un classeur pour les notes prises au cours, une chemise pour les documents distribués au TD, une autre pour vos résumés ou vos devoirs.

Le classement doit bien plutôt être fait *par matières*. Et bien évidemment, il ne s'agit pas seulement de séparer les diverses disciplines, le droit civil du droit constitutionnel ou de l'économie !

À l'intérieur de chaque discipline, vous matérialiserez le plan *en constituant des dossiers subdivisés par un système de chemises*.

Un cours annuel peut être classé de la manière suivante :

– Pour l'introduction et pour chaque grande partie du cours : une grosse chemise très épaisse.

– À l'intérieur de ces dernières, pour chaque chapitre, une chemise cartonnée ordinaire.

– À l'intérieur encore, vous subdiviserez en séparant les sections dans des chemises en papier que l'on appelle des « cotes ».

De plus, il est important que vous inscriviez clairement sur chacune de ces chemises le *numéro* du chapitre ou de la section qu'elle contient avec son *titre*.

Par exemple :
si votre cours de droit constitutionnel comprenait une introduction et quatre parties, vous auriez en fin d'année cinq chemises épaisses. La troisième serait étiquetée (par IIIe exemple) :

IIIe partie – Les institutions politiques de la France

Elle contiendrait plusieurs chemises ordinaires correspondant aux divers chapitres. Sur l'une d'elles, il serait écrit (par exemple) :

Chapitre VI – Le pouvoir exécutif

Et à l'intérieur, vous auriez placé des cotes marquées :
Section 1 : Le président de la République.
Section 2 : Le gouvernement, etc.

Pour rendre le plan encore plus apparent et vous le mettre en tête, *écrivez*, sur la couverture de chaque chemise ou cote, sous son titre, *le plan interne du contenu* :

– sur le dossier contenant un chapitre, inscrivez les intitulés des sections qui le composent,

– sur le dossier contenant une section, inscrivez les titres des paragraphes et les rubriques qui y entrent.

Dans ces dossiers correspondant aux diverses questions étudiées prendront place non seulement vos notes de cours, mais aussi *tous les autres documents et travaux* que vous possédez sur la question. Ainsi, dans notre exemple, si vous avez eu une séance de TD portant sur le pouvoir exécutif, vous ajouterez dans le dossier le document distribué, un devoir ou un exposé que vous aurez fait sur la question.

Cette méthode présente deux grands avantages :

1. *Vous assimilez le plan sans aucun effort :*

– d'abord en effectuant matériellement le classement et en inscrivant les titres des subdivisions ;

– ensuite parce que chaque fois que vous travaillez une matière ou une question, vous êtes amenés à *manier* vos dossiers et leurs subdivisions, à *voir* les titres se succéder, à constater que tel chapitre est court, tel autre très subdivisé...

Le plan se grave ainsi dans votre esprit sans aucune difficulté (v. *infra*, chapitre 11).

2. Vous vous constituez, dès le début de vos études, de *petits dossiers* sur de nombreuses questions, dont certains seront déjà assez approfondis. ***Ces dossiers par matières vous seront précieux :***

– d'abord pour vos *révisions* : si vous décidez de revoir, par exemple « Le pouvoir exécutif », vous retrouverez votre documentation réunie, facilement accessible et non éparpillée ;

– ensuite, pour la suite de vos études et même pour le début de votre *vie professionnelle*, vous pourrez retrouver un document ou rafraîchir vos connaissances sans peine.

II. Importance de la terminologie

Le droit, comme chacun sait, a son langage. Et l'on fait souvent aux juristes le reproche de s'exprimer de façon incompréhensible pour le public. On s'indigne qu'un acte notarié, une décision de justice ou même les dispositions de la loi restent bien souvent obscurs pour les non-initiés. Mais ce même public admet fort bien de ne pas comprendre des termes de médecine, d'informatique ou de sociologie.

En réalité, aucune science, même « humaine », aucune technique ne peut se passer d'une terminologie. Des notions précises, et souvent abstraites sont désignées par des mots parfois très simples, *la personne*, parfois savants, *un créancier chirographaire*. **Connaître le vocabulaire juridique, c'est posséder les clés de la matière**, avoir accès aux classifications, aux raisonnements, aux controverses ; c'est pouvoir s'exprimer.

A. Apprendre à définir les notions juridiques

1. Qu'est-ce qu'une notion juridique ?

C'est une question délicate !

Vous avez déjà rencontré, en classe terminale, des notions philosophiques, comme la *conscience*, les *valeurs* ou le *temps*. Vous avez appris ce que les philosophes entendent par ces mots et constaté que chacun en adopte souvent une conception qui lui est particulière.

Les notions juridiques, pour la plupart, sont beaucoup plus précises que les notions philosophiques parce que le droit n'est pas seulement une spéculation, une réflexion, mais aussi une **technique, qui fonctionne de la même manière à l'égard de tous**. Chacun ne peut pas définir à sa guise ce qu'est un *droit de créance*, ou ce qu'est un *vol*. Une définition précise est une garantie contre l'arbitraire.

De nombreuses notions juridiques sont donc définies par la loi elle-même. Les auteurs et les tribunaux, eux aussi, créent, affinent ou déforment ou encore adaptent ces définitions.

Certaines sont très précises comme le *contrat*, ou la *récidive*, d'autres plus vagues et en perpétuelle évolution, comme la *faute* ou l'*ordre public*.

Certaines notions juridiques sont désignées par un mot du vocabulaire courant. Ce mot aura alors un sens juridique beaucoup plus précis, et parfois différent de son sens courant. Ainsi : la *possession*, qui est une notion juridique complètement différente de la propriété ou les *meubles*, qui ne désignent pas seulement le mobilier, mais aussi une voiture, un animal ou même un fonds de commerce.

2. Les classifications

Beaucoup de définitions correspondent aux catégories et aux sous-catégories des nombreuses classifications juridiques.

> **Par exemple :**
> – dans la catégorie des **lois**, on devra savoir définir les lois *constitutionnelles*, les lois *organiques*, les lois *parlementaires*, les lois-*cadres*, les lois *de programme ;*
> – dans la catégorie des **droits subjectifs**, on devra distinguer les droits *extra-patrimoniaux* des droits *patrimoniaux*, et dans ces derniers, définir les droits *réels*, les droits *personnels* et les droits *intellectuels* ;
> – dans la catégorie des **infractions pénales**, la loi délimite très précisément les *contraventions*, les *délits* et les *crimes*.

Vous comprendrez très vite que ces notions juridiques constituent les matériaux, abstraits et généraux, de toute construction, de tout raisonnement. Pour les utiliser à bon escient, il est indispensable d'en connaître les définitions.

B. Apprendre à traduire en termes juridiques les faits, les actes, les situations de la vie courante

Un client vient voir son avocat ou son notaire, lui expose son affaire et lui pose une question.

> **Par exemple :**
> « Mon père vient de mourir. Je souhaiterais installer ma famille dans la grande maison qu'habitaient mes parents, mais ma mère ne veut pas la quitter pour un appartement plus petit. A-t-elle le droit d'habiter dans cette maison jusqu'à sa mort ? »
> Le juriste traduira : la mère est le *conjoint survivant*, d'après la nouvelle loi elle est, avec les descendants, *héritière* des biens du défunt. Or, le conjoint survivant peut choisir d'hériter de l'*usufruit* de la succession, c'est-à-dire de garder l'usage et la jouissance des biens jusqu'à sa mort. La mère peut ainsi rester dans la maison si elle le souhaite.

Cette démarche intellectuelle, qui consiste à faire entrer des faits, des actes, des situations, sous des notions ou des catégories juridiques est le *propre du juriste*. On l'appelle la **qualification juridique des faits** et nous la retrouverons comme composante du raisonnement juridique (v. *infra*, p. 166). Elle nécessite évidemment une parfaite connaissance des définitions.

C. Apprendre la précision technique

Dans certains domaines, c'est la *richesse du vocabulaire juridique* qui permet d'être précis.

Par exemple :
une décision de justice rendue par un tribunal est appelée *jugement*, mais on appelle *arrêt*, les décisions rendues par les *cours d'appel*, la *Cour de cassation*, le *Conseil d'État*, la *Cour européenne des droits de l'homme* et la *Cour de justice de la Communauté européenne*.
De même, une personne poursuivie pour une *infraction pénale* sera désignée par des termes différents selon les étapes du procès, le genre d'infraction qu'elle a commise et la juridiction qui va la juger.
Si on parle du *prévenu*, on sait qu'il a commis une contravention ou un délit et qu'il va être traduit devant un tribunal correctionnel. La *personne mise en examen* est soupçonnée d'avoir commis un crime ou un délit et son procès en est à la phase de l'instruction. L'*accusé* va être traduit devant la cour d'assises, qui dira s'il est ou non *coupable*.

Mais attention ! Une telle richesse de terminologie ne se trouve pas partout. Bien des mots sont susceptibles d'avoir plusieurs sens ou ne prennent de sens précis qu'accolés à un adjectif ou au sein d'une expression.

Par exemple :
le mot **droit** : droit *positif*, droit *subjectif*, droit *personnel*, droit *international public*, droit *de grève*, droit *d'auteur*..., ou encore le mot **acte** : acte *juridique*, acte *notarié*, acte *administratif*, acte *de commerce*, acte de *l'état civil*...

Il faut alors connaître le sens des expressions complètes et ne pas les confondre.

D. Se familiariser avec le langage judiciaire

Dans chaque « spécialité » du droit, la pratique a sa terminologie propre : le notariat, la banque, le droit des sociétés, le droit fiscal, le droit social, le droit européen... ont leur vocabulaire.

Dans les premières années, on vous demande surtout de connaître la terminologie *judiciaire*. Attention ! les adjectifs *juridique* et *judiciaire* n'ont pas le même sens :
- juridique signifie qui a rapport au *droit* ;
- judiciaire signifie qui a rapport au *procès* et aux *tribunaux*.

1. Importance pour l'étude de la jurisprudence

La terminologie judiciaire vous est nécessaire pour étudier la jurisprudence (c'est-à-dire l'ensemble des décisions de justice rendues à propos d'une question) et pour savoir **comprendre et commenter les arrêts** (v. *infra,* chapitres 2, 3 et 6). On ne peut pas étudier l'art et la science du droit sans en voir *l'application pratique aux justiciables*.

Or, il est apparu, il y a une vingtaine d'années, que le vocabulaire judiciaire était devenu assez désuet et, par suite, difficilement compréhensible pour le public auquel il est destiné.

2. La modernisation du langage judiciaire

Une commission de modernisation du langage judiciaire a donc été créée, et le Garde des Sceaux (ministre de la Justice) a recommandé aux chefs des juridictions françaises de tenir compte des travaux de cette commission. Il vous sera utile, pour compléter les lexiques dont vous disposez, de connaître ces recommandations sur le vocabulaire.

DOCUMENT

Gazette du Palais – **1977 (2ᵉ sem.)**

COMMISSION DE MODERNISATION
DU LANGAGE JUDICIAIRE

Recommandations sur le vocabulaire

La commission de modernisation du langage judiciaire s'est attachée à rechercher les moyens de rendre le langage judiciaire plus clair, plus moderne, plus intelligible et plus français.

Il importe en effet que la justice se fasse mieux comprendre de ceux pour qui elle est faite.

Cependant la commission a estimé qu'il n'était pas souhaitable ni possible d'éliminer les termes techniques.

Ses travaux ont porté sur les points suivants :

I. – EXPRESSIONS LATINES

Le Code civil n'emploie aucune expression latine. Le législateur les évite lui aussi. Leur exemple doit être suivi d'autant mieux qu'elles peuvent toutes être remplacées par des expressions françaises sans perdre de leur valeur. La commission propose quelques exemples de traduction ; elle souhaite que chacun s'efforce de les améliorer.

Accessorium sequitur principale	L'accessoire suit le principal.
Actor sequitur forum rei	Le litige doit être porté devant le tribunal du défendeur.
Actori incumbit probatio	La preuve incombe au demandeur.
Affectio societatis	Intention de s'associer.
Contra non valentem agere non currit præscriptio	La prescription ne court pas contre celui qui ne peut exercer ses droits.
Electa una via, non datur recursus ad alteram	Une fois choisie la juridiction civile, le recours à la juridiction pénale devient impossible.
Error comunis facit jus	L'erreur commune crée le droit.
Fraus omnia corrumpit	La fraude vicie tout.
Infans conceptus pro nato habetur quoties de commodis ejus agitur	L'enfant conçu est considéré comme né quand son intérêt est en cause.
Nemo auditur propriam turpitudinem allegans	Personne n'a le droit de se prévaloir de sa propre faute.
Nulla pœna sine lege	Pas de peine sans loi.
Pater is est quem justæ nuptiæ demonstrant	Est présumé père le mari de la mère.
Quæ temporalia sunt ad agendum, perpetua sunt ad excipiendum	Ce qui, le délai expiré, ne peut plus fonder une demande peut toujours être opposé en défense.
Ad nutum	À son gré (ou au gré de).
Ad litem	Pour le procès.
Damnum emergens	Perte éprouvée.
Lucrum cessans	Manque à gagner.
De cujus	Défunt.
Ex æquo et bono	En équité.
Exceptio non adimpleti contractus	Exception d'inexécution.
In bonis	Maître de ses biens.
In limine litis	Dès le début de la procédure.
Intuitus personæ	En considération de la personne.
Penitus extranei	Complètement étrangers.
Post nuptias	Après mariage.
Pretium doloris	Indemnisation des souffrances.
Prorata temporis	Au prorata du temps (ou à proportion du temps).
Res nullius	Chose sans propriétaire.
Ultra petita	Au-delà de l'objet de la demande.

Les mots suivants sont devenus français :
Ad hoc, alibi, boni, pro forma, prorata, quitus, quorum, ratio et récépissé.

Si l'emploi d'une formule latine est nécessaire, il convient, d'une part, de la citer entièrement (il est, en effet, pénible de lire par exemple : « la règle *nemo auditur...* », tronçon de phrase dénué de sens, même pour ceux qui connaissent le latin) et, d'autre part, de la traduire ensuite ou de l'expliquer.

II. – EXPRESSIONS ÉTRANGÈRES

Des expressions étrangères, anglaises notamment, s'infiltrent de plus en plus dans le français contemporain. La tendance officielle la plus récente est de les remplacer par des termes français ; ....
....

III. – ARCHAÏSMES ET LOCUTIONS SURANNÉES

En ce qui concerne le vocabulaire français, la commission propose la suppression de tous les archaïsmes et locutions surannées.

Ceux-ci peuvent en effet être facilement remplacés.

Par exemple :

Remplacer :	*Par :*
Le Sieur X...	M. X...
La dame Y...	Mme Y...
La demoiselle Z...	Mlle Z...
La veuve N...	Mme veuve N... ou Mme N...
Emender.	Réformer.
Es qualités de tuteur.	En qualité de tuteur.
Es privé nom.	En son nom personnel.
En privé nom.	En son nom personnel.
Agissant poursuites et diligences de son gérant.	Représenté par son gérant.
Exploit.	Acte (d'huissier de justice).
Jugement (ou arrêt) querellé (ou entrepris).	Jugement (ou arrêt) attaqué (ou contesté).
Condamne en tous les dépens.	Condamne aux dépens.
Ouï M. X... en son rapport, en leurs conclusions et plaidoiries Me Z... et Me Y..., le ministère public entendu.	Après avoir entendu le rapport de M. X..., les avocats et le ministère public.
Il échet.	Il échoit, il convient ou il incombe.

Il faut éviter le plus souvent : ledit, le susdit, le susnommé, dont s'agit, dont est cas, il appert, il s'évince, de céans...

IV. – EXPRESSIONS DISCOURTOISES

Moderniser le langage c'est aussi l'adapter à l'esprit du temps et pour cela bannir les locutions disgracieuses, choquantes, voire traumatisantes, les locutions inutiles ou creuses, les termes ambigus.

Il convient d'éviter les termes peu courtois tels que « le nommé X... », « la fille Y... », « la femme Z... » que l'on peut remplacer par M. X..., Mlle Y... (ou Mme Y...), Mme Z...

De même, il est préférable d'écrire M. René Dupont que Dupont René.

V. – LOCUTIONS INUTILES OU CREUSES

Il faut s'exprimer d'une manière facile à comprendre pour les profanes.
Toute locution inutile ou creuse doit être proscrite.

Par exemple :
« Relaxe X... des fins de la poursuite sans peine ni dépens » devrait se limiter à « Relaxe M. X... ».

« Ordonnons que les pièces de la procédure seront transmises à M. le procureur de la République pour être par lui requis ce qu'il appartiendra » pourrait devenir « Ordonnons la transmission des pièces de la procédure à M. le procureur de la République ».

« Déboute X... de toutes ses demandes, fins et conclusions » et « Déboute X... de toutes ses demandes à toutes les fins qu'elles comportent » pourraient le plus souvent être remplacés par « Déboute M. X... de ses demandes » ou « Rejette les demandes de M. X... ».

« Déclare X... convaincu (ou atteint et convaincu) du délit de... » peut se remplacer par « Déclare X... coupable du délit de... ».

« Dit que le jugement sortira son plein et entier effet pour être exécuté selon ses forme et teneur » peut se remplacer par « Ordonne l'exécution du jugement ».

Si l'on dit que « l'expert déposera son rapport au greffe dans le délai de... », il est inutile d'ajouter : « pour être ensuite par les parties conclu et par le tribunal statué ce qu'il appartiendra ».

VI. – EXPRESSIONS PEU INTELLIGIBLES OU AMBIGUËS

Il serait souhaitable d'éviter le plus possible de désigner les parties par leurs qualités dans le procès : « le défendeur », « l'opposant », « l'appelant », « l'intimé », et plus encore « le concluant » – souvent employé à tort –, « le signifié » – grammaticalement incorrect –, « le requérant », « le requis ».

En effet, ces termes peuvent dérouter le justiciable car ils ne lui sont pas familiers. Il est préférable d'appeler les parties par leurs noms.

Cependant, il sera parfois commode et utile d'écrire par exemple « les défendeurs », s'ils sont nombreux ou « les consorts X... » ou « M. X... et consorts ».

Les expressions suivantes, relevées au hasard de la lecture de nombreuses décisions par la commission, lui ont paru mériter la censure :
« Sous les affirmations de droit » ;
« Sujets passifs de l'action » ;
« Venir aux droits et actions de » ;
« Faire adjonction » ;
« Sollicite l'adjudication de son exploit introductif d'instance ».

Par exemple, la formule utilisée en matière de dépens « Me X..., avocat, sous ses affirmations de droit » (ou « aux offres de droit ») pourrait être remplacée par « Me X..., avocat, qui affirme en avoir fait l'avance sans avoir reçu provision ». De même, « intérêts de droit » doit être remplacé par « intérêts au taux légal ».

Un mot aussi fréquent que « louer » peut être ambigu : mieux vaut dire « prendre à bail » ou « donner à bail ».

L'expression « à personne » dans le sens « à la personne » peut conduire à des contresens.
De même, l'expression « aux torts et griefs » doit être réduite à « aux torts ».

CONSEILS PRATIQUES

Le fichier de définitions

Les définitions doivent impérativement être sues par cœur. Aucune hésitation ne vous est permise sur le sens d'un mot ou d'une expression. C'est là le principal effort que vous aurez à fournir au cours de vos études de droit. Mais c'est un travail indispensable pour suivre et progresser, réussir les devoirs, les interrogations, les examens.

Une parfaite connaissance des définitions empêche de commettre une erreur dans la compréhension d'un sujet ou de l'intitulé d'une question ; elle permet de ne jamais rester muet à l'oral : au début de vos études, il est déjà important de savoir définir les termes de la question.

Il est indispensable que vous possédiez un lexique des termes juridiques et que vous vous y référiez très souvent (v. *infra,* p. 95).

Pour apprendre, retenir et réviser aisément vos définitions, **il peut être utile de vous constituer un petit fichier.**

Sur chaque petite fiche cartonnée, vous inscrirez en haut, en majuscules, le terme à définir. Puis vous y ferez figurer :
– l'*étymologie du mot*, si elle est éclairante ;

> **Par exemple :**
> le mot *obligation* a pour étymologie *ob-ligatio*, ce qui montre qu'il s'agit d'un lien de droit ;

– la définition donnée par votre professeur ;
– *d'autres définitions* prises dans des manuels ou des lexiques et qui vous paraissent particulièrement claires, riches ou originales ;
– *toujours des exemples*, les plus concrets possibles, car dans l'abstraction les idées restent vagues.

Vous retiendrez beaucoup mieux ce qu'est une obligation si vous en donnez des exemples : une créance de somme d'argent, l'obligation de ne pas faire de concurrence.

– Si le mot a *plusieurs sens*, ou un sens large et un sens étroit, vous les séparerez nettement :

> **Par exemple :**
> *loi* signifie au sens large *règle écrite, générale et permanente* et, au sens étroit, *règle écrite votée par le Parlement*. Et, *délit* désigne au sens large *toute infraction pénale,*

mais au sens étroit seulement les infractions *punies par la loi d'une peine correctionnelle*, c'est-à-dire d'un emprisonnement pouvant aller jusqu'à cinq ans et d'une amende.

– Si le terme en question s'insère dans une *classification ou un système hiérarchisé*, indiquez :
- de quel ensemble ou grande catégorie il fait partie,
- quels sont les autres éléments qui y entrent avec lui,
- et enfin les sous-catégories qu'il contient.

Par exemple :
les droits réels :
- font partie de l'ensemble des droits patrimoniaux,
- avec les droits personnels et les droits intellectuels,
- et se subdivisent en droits réels principaux et en droits réels accessoires.

Éventuellement, vous pouvez citer un mot, une théorie célèbre élaborée par un auteur ou une jurisprudence particulièrement importante.

Par exemple,
sous le mot *patrimoine*, vous mentionnerez la théorie d'Aubry et Rau.

La fiche doit être rédigée très lisiblement de manière claire et aérée. Par la suite, en approfondissant vos connaissances, vous aurez probablement des éléments nouveaux à y ajouter.

Faire la fiche vous apprendra déjà beaucoup et elle constituera un excellent instrument de travail pour vos révisions. Apprenez-la quasiment par cœur.

Cette méthode du fichier est très efficace ; mais si, dans certaines matières, elle vous paraît un peu lourde ou superflue, vous pourrez faire ressortir les définitions par d'*autres procédés* :
– en les signalant en marge de vos notes de cours, de vos polycopiés ou manuels (v. *infra*, p. 16) ;
– en les notant de manière particulièrement apparente dans vos résumés (v. *infra*, p. 21) ;
– en les inscrivant sur la couverture de vos dossiers (v. *supra*, p. 5).

III. La lecture du cours

Si vous êtes allé au cours et que vous l'avez suivi attentivement, la première lecture en sera facilitée. Si, au contraire, c'est une prise de connaissance de questions totalement nouvelles, il faudra y consacrer plus de temps.

Que lire ? Par quoi commencer ? Cela dépend beaucoup des possibilités qui vous sont offertes. La meilleure méthode consiste à lire :
- d'abord le **cours du professeur**,
- puis un **manuel**,
- puis, sur certaines questions, un **traité plus approfondi**.

A. Le cours du professeur

1. Un polycopié ou un manuel fait par votre professeur

Vous devez vous le procurer. C'est le meilleur instrument de travail qui soit. Il vous dispense d'écrire fébrilement pendant tout le cours au lieu de comprendre et de réfléchir. Vous pouvez ne prendre que des notes succinctes, puisque vous trouverez détails et précisions dans le polycopié ou le manuel. Le cours vous sera plus profitable. Vouloir tout noter nuit souvent à la compréhension.

Et si, pour des raisons de santé ou de travail, vous ne pouvez suivre le cours, vous n'en souffrirez pas trop.

C'est dans ce polycopié ou ce manuel que doit se faire la première lecture.

2. Les notes prises au cours

Bien prises, les notes de cours pourraient être un bon instrument de travail. Malheureusement, ce n'est pas toujours le cas. Les étudiants y attachent à la fois trop et trop peu d'importance.

– C'est y attacher *trop d'importance* que de passer des heures à *recopier* (parfois sans même chercher à comprendre) les notes prises par un camarade lors d'un cours que l'on a manqué. Certains étudiants gaspillent un temps considérable dans ce copiage automatique. On en voit même souvent qui recopient des notes pendant un autre cours... engrenage fatal !

– En revanche, c'est accorder *trop peu d'importance* aux notes de cours que d'en écrire des pages *illisibles*, compactes, sans alinéa ni marge avec le seul souci de noter toutes les phrases *in extenso*.

Relire de telles notes sera un travail fastidieux et même décourageant. Vous vous fatiguerez beaucoup pour un résultat quasiment inutilisable, et lors de vos révisions, plutôt que d'entreprendre le décryptage de ces pages gribouillées, vous vous rabattrez sur un précis ou un mémento quelconque. Il vous faut perdre moins de temps, vous fatiguer moins, être plus efficace.

– *Vous vous servirez peu de vos notes de cours* si vous disposez d'un polycopié ou d'un manuel fait par le professeur et portant exactement sur les mêmes questions. Au cours, attachez-vous donc à suivre, à comprendre et à retenir en notant seulement le plan détaillé et quelques idées essentielles ainsi que, bien entendu, les questions que l'on vous signalerait comme non traitées ailleurs.

– *Vous avez besoin de notes de cours bien prises* s'il n'existe ni polycopié, ni manuel de votre professeur.

Le **plan** doit y être très apparent (v. *supra*, p. 3 et s.), les **définitions** doivent ressortir, l'ensemble doit être **aéré et clair**. N'écrivez pas les phrases telles quelles, comme dans une dictée, mais faites l'effort de les **raccourcir en trois ou quatre mots**; allez très souvent à la ligne et laissez une grande marge.

Pour être utilisables lors de vos révisions, **ces notes doivent être relues dans les deux ou trois jours** qui suivent, afin de les améliorer, les souligner, les rendre bien claires et, les *classer* dans les dossiers correspondants. C'est un travail rapide, mais très profitable (v. *infra*, comment se maintenir à jour, p. 215).

Si vous ne pouvez pas assister régulièrement au cours, ne recopiez pas des notes (sauf peut-être sur des points très particuliers où la pensée de votre professeur est tout à fait originale).

Faites plutôt l'effort intelligent de *résumer un manuel* (v. *infra*, p. 21). Cela vous apprendra bien davantage. En outre, vous pouvez *relever le plan du cours* surtout s'il ne correspond pas à celui des manuels.

B. Un précis ou un manuel

Vous devez acquérir un précis ou un manuel, en plus du cours du professeur,
– dans les matières faisant l'objet de TD et d'un examen écrit;
– dans les autres matières s'il n'existe pas de polycopié ou de livre fait par le professeur ou si vos notes ne sont pas parfaites (ce qui est le cas le plus fréquent). Il est dangereux et fatigant de compter

uniquement sur les notes de cours si l'on ne sait pas très bien les prendre.

Vous *choisirez* ce livre d'après les conseils de vos professeurs et chargés de TD, et aussi d'après vos goûts personnels : allez en bibliothèque et consultez les divers manuels existant sur votre programme, voyez comment ils se présentent et choisissez celui qui convient le mieux à votre forme d'esprit (sur les précis et manuels, v. *infra,* p. 75).

Sur chaque question étudiée, **la lecture de ce manuel devra toujours suivre immédiatement celle du cours**.

Faites l'effort de *comparer* le plan, les définitions, les raisonnements, les théories et de *vous interroger* sur les différences éventuelles. Si certaines de ces différences vous choquent, demandez-en la raison à votre chargé de TD.

Mais ne perdez jamais de vue que le droit n'est pas une science exacte, que chaque auteur digne de ce nom repense les problèmes à sa manière, et qu'il vous appartient, en dernière analyse, d'adopter les conceptions qui vous conviennent le mieux, *à condition de savoir les justifier.*

C. Un traité plus approfondi

Sur certaines questions que vous devez (ou que vous souhaitez) étudier de manière plus complète, vous consulterez avec profit des ouvrages développés et approfondis. Ce sont des livres onéreux : ne les achetez que lorsque vous êtes sûr d'être bien orienté. Prenez simplement l'habitude d'aller fréquemment en lire des passages à la bibliothèque, et de toujours vous y référer pour un devoir ou un exposé important. Vous y trouverez notamment retracées toutes les évolutions de la jurisprudence et de la doctrine (sur les traités et l'usage que vous devez en faire, v. *infra,* p. 75 et s.).

CONSEILS PRATIQUES

Comment lire ?

Même d'une simple lecture, *il doit vous rester quelque chose* ; ce doit être un travail efficace et non du temps perdu et de la fatigue.

Lisez lentement, avec une grande concentration
Il ne s'agit pas de parcourir le texte distraitement ou avec précipitation. Décidez de vous plonger dans une question ; concentrez-vous dans le calme, en vous ménageant un temps suffisant (au moins une heure).

Il n'est pas question de lire sans comprendre. Vous devez parvenir à comprendre très clairement ce que vous lisez. Abordez la matière en prenant connaissance du plan et des définitions : aucun mot ne doit vous rester obscur.

Puis « lisez comme la poule boit » ; c'est la recommandation d'un grand professeur de droit : comme la poule qui boit relève la tête après chaque gorgée pour avaler, relevez la tête après chaque phrase pour y réfléchir et l'assimiler. Lisez en pensant, en comparant, en vous posant des questions, c'est-à-dire de manière *active*.

Lisez le crayon à la main
Vos polycopiés, vos documents de TD, vos notes de cours, et même les manuels *qui vous appartiennent* doivent être soulignés et annotés. Le texte lu sera ainsi préparé pour être résumé et révisé facilement.

Il est très utile de **souligner ou de surligner** les groupes de mots ou les phrases importants. Mais il est sans aucun intérêt de souligner (ou de recopier) des paragraphes entiers. Souligner a pour but de *faire ressortir l'essentiel*. Lorsque tout est souligné, plus rien ne ressort.

Le travail intelligent et profitable consiste à faire un effort pour distinguer l'important du détail, isoler des *mots* mais *peu de phrases*, et ne faire apparaître que l'ossature du texte. De la sorte, cette ossature apparaît d'un coup d'œil et le résumé de la question se trouve préparé (v. *infra*, p. 20).

Des indications notées en marge vous aideront aussi à préparer le travail de révision : marquez d'un signe les définitions et les questions qui vous sont signalées comme étant particulièrement importantes.

Sous l'intitulé d'un chapitre, il vous sera utile de noter les titres des sections qu'il contient, et, sous le titre des sections, le titre des paragraphes.

C'est encore un moyen de vous mettre en tête le plan interne de chaque question. Et si un passage vous paraît incompréhensible, mettez un point d'interrogation en marge pour penser à en demander l'explication.

Pour permettre ce travail d'annotation, vos notes de cours doivent être disposées de manière très aérée. Lorsque, quelques temps plus tard, vous ouvrirez à nouveau le livre ou le dossier, vous vous retrouverez en pays connu et balisé, au lieu de vous sentir aussi perdu et étranger que la première fois.

IV. Le résumé du cours

Le résumé a deux grands mérites : bien graver la question dans la mémoire, et faciliter considérablement les révisions. Cependant, c'est un exercice moins facile qu'il n'y paraît et qui fait appel à l'intelligence. Il faut se montrer judicieux tant dans le choix des questions à résumer que dans le choix des points à faire figurer dans le résumé.

A. Sélectionner des questions de cours

Dans un cours, tout n'est pas à mettre sur le même plan. Il y a des introductions, des évolutions historiques, des classifications, des définitions. De plus, il y a l'étude de notions juridiques (comme le *patrimoine*), d'institutions (comme le *Parlement* ou le *mariage*), de mécanismes (comme le *contrôle de la constitutionnalité des lois*), c'est-à-dire de **questions formant un tout cohérent** et qu'il importe de connaître avec leur plan, leur terminologie et leurs règles propres.

❏ Si vous allez au cours, vous entendrez parfois *le professeur insister sur l'importance de telle ou telle question* ; et vous repérerez aussi par vous-même les points auxquels votre professeur porte un intérêt particulier parce qu'il les développe soigneusement ou qu'il y revient souvent.

Vous devez accorder la plus grande importance à ces indices. Il arrive fréquemment que des professeurs aiguillent ainsi leurs étudiants dans leurs révisions et soient fort déçus de constater qu'ils n'ont pas été entendus.

❏ Toutes les questions ayant fait l'objet d'une *séance de TD* doivent être considérées comme importantes. Faire le résumé du cours sera la meilleure préparation de la séance, surtout si vous savez y intégrer la documentation qu'il vous est demandé d'étudier. Par ailleurs, il est rare qu'un examen écrit porte sur une question n'ayant pas été traitée aux TD.

❏ Méritent encore une *attention particulière* :
– les questions délicates dont l'étude nécessite un bon esprit juridique ;
– les questions faisant l'objet d'une abondante jurisprudence ;
– les questions d'actualité ;
– les questions très classiques, revenant régulièrement dans les sujets d'examen.

Mais attention : que cette sélection des questions à travailler à fond, et donc à résumer, ne vous incite pas à négliger le reste. Aucune impasse n'est jamais conseillée. Il s'agit simplement d'appliquer son intelligence à faire des efforts utiles, à être efficace.

B. Résumer une question de cours

Au début, le résumé vous paraîtra peut-être un peu long à faire. mais ce n'est pas du temps perdu, c'est au contraire *du temps investi utilement*. Il n'existe pas de meilleur moyen de comprendre et de retenir une question, pas de meilleur instrument de révision. Mais il faut apprendre à faire un bon résumé :
– un résumé n'est pas un plan détaillé du cours ;
– un résumé n'est pas une copie en style télégraphique ;
– un résumé est très aéré, sans phrase, coloré et souligné.

Il exige l'application et la synthèse des trois conseils donnés dans ce chapitre ; car le résumé d'une question de cours doit contenir :
– un *bon plan*, très apparent ;
– de *bonnes définitions*, clairement signalées ;
– les *points soulignés* lors d'une lecture attentive du cours.

N'entreprenez pas de résumer 100 pages de manuel d'un coup. Prenez une question bien circonscrite, ayant son unité.

Pour que votre résumé soit facile à revoir, l'ensemble de la question doit pouvoir être présenté en deux ou trois pages. Cela nécessite un réel effort pour ramasser les phrases en trois ou quatre mots, les paragraphes en deux ou trois lignes. Sauf quelques détails mineurs, presque toutes les informations contenues dans le texte doivent être mentionnées, mais d'un mot.

Ne rédigez pas, mais présentez les termes des énumérations *les uns sous les autres*, les évolutions ou les enchaînements avec des flèches.

Indiquez par exemple :
Les définitions	: Déf. : ...
Le problème	: I – Pb. : ...
Le principe de solution	: II – Princ. : ...
Les exceptions	: III – Excep. : ...
Les conditions	: I – Cdt^{on} : 1°)...
	2°)...
	3°)...
Les effets	: II – Effets : 1°)...
	2°)...
La théorie d'un auteur	: Th. Planiol : ...
La jurisprudence	: Jurisp. : → 1998 : ...
	1998 : Revirement :
Les sanctions	Sanctions : 1°)...
	2°)...

Toutes ces rubriques ne constituent que des exemples ; il peut, bien entendu, s'en présenter beaucoup d'autres. À vous de les trouver, dans le texte que vous résumez ou par vous-même.

Soyez persuadé que la **présentation du résumé** a la plus grande importance. Écrivez bien, utilisez des couleurs, sautez des lignes. Vous vous habituerez vite à faire ce travail rapidement, dès que vous aurez mis au point vos propres méthodes.

Lorsque vous serez un peu chevronné, vous pourrez entreprendre l'exercice intéressant et profitable qui consiste à faire le résumé d'une question de cours *à l'aide de plusieurs ouvrages différents*, par exemple vos notes de cours, un manuel et quelques éléments pris dans vos documents de TD. Une telle *synthèse* est un travail de plus haut niveau qui vous prépare bien à des exercices tels que l'exposé ou la dissertation.

CHAPITRE 2

Lire et comprendre une décision de justice

Ne soyez pas l'étudiant...

– *noyé dans les sources du droit*
– *ignorant de la terminologie judiciaire*
– *rebuté par le style et la présentation des décisions*
– *qui ne fait pas la différence entre un arrêt de cassation et un arrêt de la Cour de cassation*
– *qui prend les références des décisions pour un code secret.*

LES CLÉS

Avoir compris le rôle de la jurisprudence

C'est l'ensemble des décisions de justice rendues par les tribunaux qui forme la jurisprudence. Les tribunaux rendent des jugements qui se présentent comme l'application de la règle de droit à un cas particulier. La règle étant générale et abstraite, il est souvent nécessaire de l'*interpréter* pour l'appliquer au cas. La jurisprudence est donc constituée d'un ensemble d'interprétations qui font autorité (en droit privé tout au moins, la jurisprudence administrative ayant un rôle créateur plus marqué).

Dans ces conseils de travail, *vous ne trouverez pas un cours de droit* sur la jurisprudence, son rôle en tant que source de droit et la place qu'elle occupe dans l'ensemble du droit positif. Cette question est amplement et savamment développée dans les cours et manuels. C'est d'ailleurs l'une des plus fondamentales de l'Introduction au droit, et il convient d'y accorder une grande attention.

Avoir étudié la formation de la jurisprudence

En ce qui concerne plus précisément les mécanismes par lesquels la jurisprudence se forme et acquiert son autorité, il est nécessaire pour bien les comprendre de travailler les points suivants :

– Le principe de séparation des deux ordres de juridiction, administratif et judiciaire, et le rôle du Tribunal des conflits.

– Quelques notions d'organisation judiciaire et de procédure sur la *hiérarchie des tribunaux* et la *marche des procès*.

– Le mécanisme du double degré de juridiction.

– Le rôle de la Cour de cassation et le mécanisme du pourvoi en cassation.

– Quelques principes fondamentaux, tels que :
  • l'obligation du juge de statuer sous peine de déni de justice (C. civ., art. 4), et l'interdiction des arrêts de règlement (C. civ., art 5);
  • l'obligation du juge de statuer en droit (NCPC, art. 12) et de motiver ses jugements (NCPC, art. 455).

– Et en deuxième année, pour étudier la jurisprudence administrative, quelques notions sur l'importance du contentieux en droit administratif, l'organisation des juridictions et la compétence juridictionnelle du Conseil d'État.

Il est indispensable que vous ayiez étudié ces questions avant de vous attaquer à la lecture de décisions de justice, sinon vous ne comprendriez même pas les conseils de méthode.

Se montrer persévérant

Ne soyez pas découragé par vos premières expériences : une décision ne se lit pas comme un article de journal ni même comme une page de manuel. C'est un véritable travail, qui exige beaucoup d'attention. Même un juriste chevronné doit souvent lire plusieurs fois une décision avant d'être en mesure de l'utiliser. Car la présentation est compacte, le raisonnement est très dense, et la construction du texte, souvent en une seule phrase, n'en facilite pas l'accès.

Il importe de lire beaucoup d'arrêts, de se familiariser avec leurs modes de raisonnement, leur style, leur terminologie. En ce domaine, rien ne vaut l'expérience, et les conseils pratiques qui suivent doivent vous permettre de l'acquérir.

I. Se familiariser avec la présentation

Les décisions de justice offrant quelque intérêt sont **publiées dans des revues ou recueils juridiques et dispersées dans divers sites de l'internet** (v. *infra*, p. 98) Tout juriste professionnel est abonné à quelques-unes de ces publications, afin de se tenir au courant de l'évolution du droit.

Les *Bulletins (civil et criminel) de la Cour de cassation* publient exclusivement les arrêts rendus par cette juridiction.

D'autres revues, d'origine privée, contiennent de la *jurisprudence*, mais aussi des articles d'auteurs sur les sujets les plus variés (c'est-à-dire de la *doctrine*) et les textes des lois, au fur et à mesure de leur promulgation (c'est-à-dire de la *législation*).

Dans la partie « jurisprudence », les décisions importantes sont reproduites intégralement et *annotées*, ce qui signifie qu'elles sont suivies du commentaire d'un auteur, appelé *note* ou *observations*. Ce commentaire, naturellement, aide beaucoup à la compréhension de la décision.

Le *Recueil Lebon* publie la jurisprudence *administrative* : arrêts du Tribunal des conflits, arrêts du Conseil d'État, jugement des tribunaux administratifs, souvent annotés.

Dans les pages suivantes, vous trouverez reproduits des arrêts dans leur texte intégral, tels qu'ils sont publiés dans les revues les plus répandues.

Prenez connaissance de cette présentation, voyez comment est construite une décision de justice.

Nous commençons par deux arrêts de la Cour de cassation (c'est ceux que vous étudierez le plus souvent), l'un de cassation, l'autre de rejet. Comme ils sont très clairs, nous pourrons les « radiographier », c'est-à-dire en voir l'ossature et les articulations.

UN ARRÊT DE LA COUR DE CASSATION
publié au *Bulletin civil*
Civ. 2e, 20 mars 1996, *Bull. civ.* II, n° 67, p. 42

RADIOGRAPHIE

PHOTOGRAPHIE

N° 67

Mots-clés renvoyant aux tables alphabétiques et analytiques du *Bulletin civil* (remarquablement bien faites).

ACCIDENT DE LA CIRCULATION. – Véhicule à moteur. – Définition. – Dameuse.

Sommaire

Une dameuse ne constitue pas un véhicule terrestre à moteur au sens de l'article 1er de la loi du 5 juillet 1985.

Date, nature de la décision

20 mars 1996.   Cassation.

ARRÊT

- **Visa**
- **Motifs**
- **Dispositif** Ici, arrêt de cassation avec renvoi

Sur le moyen unique, pris en sa première branche :

Vu l'article 1er de la loi du 5 juillet 1985 ;

Attendu que **cette loi s'applique** aux victimes d'un accident de la circulation dans lequel est impliqué **un véhicule terrestre à moteur** ainsi que ses remorques ou semi-remorques ;

Attendu, **selon l'arrêt attaqué** et les productions, que Mme Gauer a fait une chute sur un trottoir alors qu'un ouvrier de la société ETM y effectuait des travaux à l'aide d'un engin de damage dépourvu de roues et qu'il manipulait par le manche ; que, blessée, elle a demandé réparation de son préjudice à cette société et à son assureur, la Caisse d'assurances mutuelle du bâtiment ;

Attendu que, pour accueillir la demande, **l'arrêt énonce que la dameuse**, disposant d'un moteur permettant de produire des vibrations nécessaires pour tasser le sol et animer son déplacement, **doit être considérée comme un véhicule terrestre à moteur** ;

Qu'en statuant ainsi, **alors que cet outil ne constituait pas un véhicule au sens du texte susvisé**, la cour d'appel en a violé les dispositions ;

PAR CES MOTIFS, et sans qu'il y ait lieu de statuer sur la seconde branche du moyen :

CASSE ET ANNULE, dans toutes ses dispositions, l'arrêt rendu le 8 avril 1994, entre les parties, par la cour d'appel de Colmar ; remet, en conséquence, la cause et les parties dans l'état où elles se trouvaient avant ledit arrêt et, pour être fait droit, les renvoie devant la cour d'appel de Metz.

N° du greffe, noms des parties

Magistrats ayant participé de façon prépondérante à l'élaboration de l'arrêt et cabinets d'avocats aux Conseils ayant défendu les parties (SCP : société civile professionnelle).

Références d'arrêts ayant statué dans le même sens (c'est-à-dire ayant pris des décisions similaires).

N° 94-14.524. Caisse d'assurances mutuelle du bâtiment et autre contre Mme Gauer.

Président : *M. Michaud, conseiller doyen faisant fonction.* – Rapporteur : *M. Dorly.* – Avocat général : *M. Monnet.* – Avocats : *la SCP Vier et Barthélemy, la SCP Delaporte et Briard.*

À RAPPROCHER :

2e Civ., 8 janvier 1992, Bull. 1992, II, n° 4, p. 3 (rejet) ;

2e Civ., 31 mars 1993, Bull. 1993, II, n° 131, p. 69 (rejet), et les arrêts cités ;

2e Civ., 9 juin 1993, Bull. 1993, II, n° 198, p. 107 (cassation), et l'arrêt cité.

Construction de l'arrêt

Cette construction est classique pour les arrêts de cassation.

❑ Les motifs

Le visa caractérise les *arrêts de cassation* (les arrêts de rejet n'en comportent pas). La Cour de cassation ne peut casser un arrêt attaqué par un pourvoi qu'en *visant* un texte de loi (ou un principe équivalent). Le texte visé est la règle applicable en l'espèce, mais violée ou mal interprétée par l'arrêt attaqué.

Puis se trouvent exposés :
– la *règle applicable ;*
– les *faits* selon l'arrêt attaqué ;
– la *décision prise par la cour d'appel ;*
– les *motifs de l'arrêt attaqué.*

Enfin, au dernier paragraphe, l'arrêt adopte le *moyen de cassation* en déclarant que la cour d'appel a violé le texte de loi visé.

❑ Le dispositif

Casser un arrêt, c'est l'*annuler :* redondance.

Les parties se retrouvent au point où elles en étaient avant l'arrêt cassé, c'est-à-dire *après le jugement de première instance,* et elles sont *renvoyées* devant une autre cour d'appel (afin que la règle du double degré de juridiction soit respectée).

Décodage de la référence

« Civ. 2ᵉ, 20 mars 1996, *Bull. civ.* II, n° 67, p 42 » signifie : arrêt de la Cour de cassation, deuxième Chambre civile, rendu le 20 mars 1996, publié au *Bulletin civil de la Cour de cassation*, numéro de mars 1996, deuxième partie, n° 67, p. 42.

Le *Bulletin civil de la Cour de cassation* est l'organe *officiel*, dans lequel cette juridiction publie mensuellement les arrêts rendus par cinq chambres et auxquels elle entend donner une certaine audience. Les arrêts y sont reproduits par ordre *chronologique* (on les y trouve donc d'après leur date) et sans aucune note ou commentaire. Chaque arrêt porte un numéro qui figure dans la référence (v. p. 84 des indications détaillées sur les *Bulletins de la Cour de cassation*).

UN ARRÊT DE REJET DE LA COUR DE CASSATION
publié au *Dalloz*

Ass. plén. 29 juin 2001, *D.* 2001. 2917

SOMMAIRE DE LA DÉCISION

Le principe de la légalité des délits et des peines, qui impose une interprétation stricte de la loi pénale, s'oppose à ce que l'incrimination prévue par l'art. 221-6 C. pén., réprimant l'homicide involontaire d'autrui, soit étendue au cas de l'enfant à naître dont le régime juridique relève de textes particuliers sur l'embryon ou le fœtus.

Cour de cassation, Ass. plén.
29 juin 2001

LA COUR : - **Sur les deux moyens réunis du procureur général** près la cour d'appel de Metz et de Mme X... : – Attendu que le 29 juillet 1995 un véhicule conduit par M. Z... a heurté celui conduit par Mme X..., enceinte de six mois, qui a été blessée et a perdu des suites du choc le fœtus qu'elle portait ; que **l'arrêt attaqué** (CA Metz, 3 sept. 1998) a notamment condamné M. Z... du chef de blessures involontaires sur la personne de Mme X..., avec circonstance aggravante de conduite sous l'empire d'un état alcoolique, mais l'a **relaxé du chef d'atteinte involontaire à la vie de l'enfant à naître** ;

Attendu qu'**il est fait grief à l'arrêt attaqué** d'avoir ainsi statué, **alors que, d'une part**, l'article 221-6 du Code pénal réprimant le fait de causer la mort d'autrui n'exclut pas de son champ d'application l'enfant à naître et viable, qu'en limitant la portée de

— Faits (accolade regroupant le premier paragraphe)

— Solutions de l'arrêt attaqué (accolade regroupant le deuxième paragraphe)

ce texte à l'enfant dont le cœur battait à la naissance et qui a respiré, la cour d'appel a ajouté une condition non prévue par la loi, et **alors que, d'autre part**, le fait de provoquer involontairement la mort d'un enfant à naître constitue le délit d'homicide involontaire dès lors que celui-ci était viable au moment des faits quand bien même il n'aurait pas respiré lorsqu'il a été séparé de la mère, de sorte qu'auraient été violés les articles 111-3, 111-4 et 221-6 du Code pénal et 593 du Code de procédure pénale ;

Mais attendu que le principe de la légalité des délits et des peines, qui impose une interprétation stricte de la loi pénale, s'oppose à ce que l'incrimination prévue par l'article 221-6 du Code pénal, réprimant l'homicide involontaire d'autrui, soit étendue au cas de l'enfant à naître dont le régime juridique relève de textes particuliers sur l'embryon ou le fœtus ; d'où il suit que l'arrêt attaqué a fait une exacte application des textes visés par le moyen ;

Par ces motifs, rejette [...].

— Motifs
— Pourvoi
— Solution de la Cour de cassation
— Dispositif

Mots-clés : HOMICIDE – Homicide involontaire – Fœtus – Personne humaine – Légalité des délits et des peines. – PEINE – Légalité des délits et des peines – Homicide involontaire – Fœtus – Personne humaine

Construction de l'arrêt

Cette construction est tout à fait courante pour les arrêts de rejet.

❑ **Dans le premier paragraphe** l'arrêt relate les données de l'affaire, d'abord les *faits* puis la *solution apportée par l'arrêt attaqué*.

L'arrêt attaqué est l'arrêt d'appel que le demandeur au pourvoi cherche à faire casser (c'est-à-dire annuler) par la Cour de cassation. Ici, c'est le procureur général, c'est-à-dire le *ministère public*, qui présente deux moyens de cassation (le ministère public, représentant la société, est en effet partie au procès pénal et demande la condamnation du prévenu).

❑ **Dans le deuxième paragraphe** l'arrêt de rejet expose *le pourvoi* qui *fait grief à l'arrêt attaqué d'avoir ainsi statué*, c'est-à-dire qui lui *reproche* sa décision, en soutenant deux moyens de cassation.

Les moyens de cassation sont toujours présentés sous cette forme : l'arrêt attaqué a pris telle décision, ou s'est fondé sur tels motifs, ou a adopté telle interprétation *alors que* l'interprétation est autre, *alors que* la règle applicable est autre... La locution « alors que » indique toujours l'argumentation du pourvoi.

❑ **Dans le troisième paragraphe**, l'arrêt de rejet expose sa propre position. La locution « Mais attendu que » indique que la Cour de cassation prend elle-même la parole pour réfuter le pourvoi. Elle justifie la solution de l'arrêt attaqué et ainsi *rejette le pourvoi*.

Décodage de la référence

« Ass. plén. 29 juin 2001, D. 2001.2917 » signifie : arrêt de l'assemblée plénière de la Cour de cassation rendu le 29 juin 2001, publié au *Dalloz*, année 2001, p. 2917 (de la partie jurisprudence).

Le *Recueil Dalloz* est une revue privée, hebdomadaire, de droit général (v. les indications détaillées sur cette revue, p. 88).

II. Comprendre la décision

Cette deuxième étape vous mènera à pénétrer le sens de ce que vous lisez. Les décisions proposées sont simples. Elles doivent être lues plusieurs fois. Les conseils pratiques vous indiqueront quelles sont les questions utiles à vous poser ; exercez-vous à y répondre.

Par ailleurs, nous continuons, au fil des exemples, à vous présenter des revues usuelles.

UN ARRÊT DE REJET
publié au *Répertoire Defrénois*

Civ. 3ᵉ, 17 janv. 2007, *Bull. civ.* III, n° 5, p. 3 ;
Defrénois 2007, art. 38612.

38612. CONTRATS ET CONVENTIONS — Promesse de vente — Promesse unilatérale — Dol — Réticence dolosive — Obligation d'information — Obligation d'information à la charge de l'acquéreur — Valeur du bien vendu (non)

VENTE — Vice du consentement — Dol — Obligation d'information — Obligation d'information à la charge de l'acquéreur — Valeur du bien vendu (non)

L'acquéreur, même professionnel, n'est pas tenu d'une obligation d'information au profit du vendeur sur la valeur du bien acquis.

Civ. 3ᵉ, 17 janv. 2007

Portant cassation d'un arrêt rendu par la cour d'appel de Paris le 27 octobre 2005.

« *Sur le moyen unique* :
« **Vu** l'article 1116 du Code civil ;
« Attendu, **selon l'arrêt attaqué**, que M. X., marchand de biens, bénéficiaire de promesses de vente que M. Y. lui avait consenties sur sa maison, l'a assigné en réalisation de la vente après avoir levé l'option et lui avoir fait sommation de passer l'acte ;
« Attendu que pour prononcer la nullité des promesses de vente, **l'arrêt retient que** le fait pour M. X. de ne pas avoir révélé à M. Y. l'information essentielle sur le prix de l'immeuble qu'il détenait en sa qualité d'agent immobilier et de marchand de biens, tandis que M. Y., agriculteur devenu manœuvre, marié à une épouse en incapacité totale de travail, ne pouvait lui-même connaître la valeur de son pavillon, **constituait un manquement au devoir de loyauté** qui s'imposait à tout contractant et **caractérisait une réticence dolosive** déterminante du consentement de M. Y., au sens de l'article 1116 du Code civil ;
« Qu'en statuant ainsi, **alors que l'acquéreur, même professionnel, n'est pas tenu d'une obligation d'information au profit du vendeur sur la valeur du bien acquis**, la cour d'appel a violé le texte susvisé »

Président : M. Weber. — Rapporteur : M. Rouzet. — Avocat général : M. Guérin. — Avocats : la S.C.P. Delaporte, Briard et Trichet ; la S.C.P. de Chaisemartin et Coujon.

CONSEILS PRATIQUES

Pour vous exercer

- ***Remarquez immédiatement :***
  - la juridiction : ici, Cour de cassation, 3ᵉ chambre civile ;
  - le genre de l'arrêt : ici, cassation ;
  - sa date : ici, 17 janvier 2007 ;
  - son domaine : ici, la responsabilité contractuelle.

- ***Vérifiez votre connaissance de la terminologie.*** Pour comprendre l'arrêt, il faut savoir (au besoin, en recherchant dans un lexique) ce que signifie :
  - assignation ;
  - sommation ;
  - promesse de vente ;
  - réalisation de la vente ;
  - option d'achat ;
  - nullité d'une convention ;
  - réticence dolosive.

- **Recherchez la structure de l'arrêt de cassation.** En vous aident des articulations soulignées ainsi que des modèles précédents, essayez de trouver et de nommer les diverses subdivisions de l'arrêt.
- **Trouvez les mots pour expliquer ce que vous avez compris.** Vous ne pouvez être sûr d'avoir compris que quand vous êtes capable d'expliquer. Après avoir bien relu l'arrêt et les observations, essayez de *dire* :
  - la question qui se posait ;
  - la manière dont l'arrêt l'a tranchée ;
  - pourquoi l'argumentation du pourvoi n'apparaît pas dans l'arrêt ;
  - la position de la Cour de cassation ;
  - à quoi fait référence le visa (« vu... »).

Décodage de la référence

« Civ. 3e, 17 janv. 2007, *Bull.* III, n° 5, p. 3 ; *Defrénois* 2007, art. 38612 » signifie :
- d'une part arrêt rendu par la 3e chambre civile de la Cour de cassation le 17 janvier 2007, publié à la troisième partie du *Bulletin civil* de la Cour de cassation de l'année 2007, en page 3 sous le numéro 5 ;
- d'autre part, que cet arrêt a également été publié au *Répertoire du notariat Defrénois*, année 2007, article 38612.

Le *Répertoire du notariat Defrénois* ou simplement *Defrénois* est une revue juridique spécialisée (cf. *infra*, chapitre 4).

UN ARRÊT DE LA COUR DE CASSATION
publié à la *Gazette du Palais*
Civ. 1re, 3 avr. 2002, *Gaz. Pal.* (Rec.) 2003. 444

RADIOGRAPHIE		PHOTOGRAPHIE
Juridiction Date	COUR DE CASSATION (1re CH. CIV.) 3 AVRIL 2002 PRÉSIDENCE DE M. LEMONTEY	
Mots-clés	**CONTRATS ET OBLIGATIONS** Vices du consentement – Violence – Contrainte économique (non) – Renonciation d'un salarié à ses droits d'auteur	
Sommaire	Une ancienne salariée d'une maison d'édition ayant le 21 juin 1984 reconnu la propriété de son employeur sur tous les droits d'exploitation d'un dictionnaire à la mise au point duquel elle avait fourni dans le cadre de son contrat de travail une activité supplémentaire, doit être cassé l'arrêt qui a fait droit à la demande de l'intéressée, licenciée en 1996, tendant à voir prononcer la nullité de ladite cession pour vice de son consentement, alors que seule l'exploitation abusive d'une situation de dépendance économique, faite pour tirer profit de la crainte d'un mal menaçant les intérêts légitimes de la personne, peut vicier de violence son consentement. En se déterminant comme elle l'a fait, sans constater que lors de la cession, l'intéressée était elle-même menacée par le plan de licenciement et que l'employeur avait exploité auprès d'elle cette circonstance pour la convaincre, la cour d'appel n'a pas donné de base légale à sa décision au regard de l'article 1112 du Code civil.	
		Cassation
Nom des parties	Société Larousse-Bordas c/ Mme Kannas	
Arrêt attaqué	**Pourvoi en cassation d'un arrêt rendu le 12 janvier 2000 par la cour d'appel de Paris (4e chambre A)**	
	La Cour Sur le premier moyen, pris en sa première branche :	
Visa	Vu l'article 1112 du Code civil ;	
Faits	Attendu que Mme Kannas était collaboratrice puis rédactrice salariée de la société Larousse-Bordas depuis 1972 ; que selon une convention à titre onéreux en date du 21 juin 1984, elle a reconnu la propriété de son employeur sur tous les droits d'exploitation d'un dictionnaire intitulé « Mini débutants » à la mise au point duquel elle avait fourni dans le	

Motifs	Demande	cadre de son contrat de travail une activité supplémentaire ; que, devenue « directeur éditorial langue française « au terme de sa carrière poursuivie dans l'entreprise, elle en a été licenciée en 1996 ; que, en 1997, elle a assigné la société Larousse-Bordas en nullité de la cession sus-évoquée pour violence ayant alors vicié son consentement, interdiction de poursuite de l'exploitation de l'ouvrage et recherche par expert des rémunérations dont elle avait été privée ;
	Décision de la cour d'appel	Attendu que, pour accueillir ces demandes, l'arrêt retient qu'en 1984, son statut salarial plaçait Mme Kannas en situation de dépendance économique par rapport à la société Éditions Larousse, la contraignant d'accepter la convention sans pouvoir en réfuter ceux des termes qu'elle estimait contraires tant à ses intérêts personnels qu'aux dispositions protectrices des droits d'auteur ; que leur refus par elle aurait nécessairement fragilisé sa situation, eu égard au risque réel et sérieux de licenciement inhérent à l'époque au contexte social de l'entreprise, une coupure de presse d'août 1984 révélant d'ailleurs la perspective d'une compression de personnel en son sein, même si son employeur ne lui avait jamais adressé de menaces précises à cet égard ; que de plus l'obligation de loyauté envers celui-ci ne lui permettait pas, sans risque pour son emploi, de proposer son manuscrit à un éditeur concurrent ; que cette crainte de perdre son travail, influençant son consentement, ne l'avait pas laissée discuter les conditions de cession de ses droits d'auteur comme elle aurait pu le faire si elle n'avait pas été en rapport de subordination avec son cocontractant, ce lien n'ayant cessé qu'avec son licenciement ultérieur ;
	Motifs de l'arrêt d'appel	
	Solution de la Cour de cassation	Attendu, cependant, que seule l'exploitation abusive d'une situation de dépendance économique, faite pour tirer profit de la crainte d'un mal menaçant directement les intérêts légitimes de la personne, peut vicier de violence son consentement ; qu'en se déterminant comme elle l'a fait, sans constater, que lors de la cession, Mme Kannas était elle-même menacée par le plan de licenciement et que l'employeur avait exploité auprès d'elle cette circonstance pour la convaincre, la cour d'appel n'a pas donné de base légale à sa décision ;
Dispositif		*Par ces motifs,* Et sans qu'il soit besoin de statuer sur la seconde branche du premier moyen, ni sur le second moyen : Casse et annule, dans toutes ses dispositions, l'arrêt rendu le 12 janvier 2000 par la Cour de Paris pour être fait droit, les renvoie devant la cour d'appel de Versailles.
Magistrats et avocats à la Cour de cassation		M. Gridel, rapp. ; M. Roehrich, av. gén. ; SCP Delaporte et Briard, SCP Piwnica et Molinié, av.

CONSEILS PRATIQUES

Pour vous exercer

- À l'aide d'un cache, couvrez les indications données sur la gauche de la page. Puis :
- Notez la juridiction,
    la nature de l'arrêt,
    sa date,
    son domaine.
- Soulignez les articulations de la décision.
- Retrouvez par vous-même toutes les indications cachées.

- *Vérifiez vos connaissances :*
- vice du consentement,
- violence,
- contrainte économique.

- *Après avoir bien relu l'arrêt, essayez de dire :*
- la question qui se posait,
- ce qu'a décidé l'arrêt attaqué,
- ce qu'a décidé la Cour de cassation.

UN ARRÊT D'APPEL
publié au *Dalloz*

Paris, 23 avr. 2003, D. 2003. J. 2716

SOMMAIRE DE LA DÉCISION

La fragilité psychologique de la future épouse, ses antécédents familiaux perturbés et la situation administrative du futur époux (en situation irrégulière sur le territoire français) ne suffisent pas à faire échec au droit de se marier qu'ils revendiquent à juste titre dès lors qu'il constitue une liberté fondamentale.

PHOTOGRAPHIE   RADIOGRAPHIE

Cour d'appel de Paris (14ᵉ ch. A)   Juridiction
23 avr. 2003   Date

Saisi par la Mairie du XXᵉ arrondissement de Paris, le procureur de la République a ordonné le 10 juin 2002 un sursis à la célébration du mariage envisagé par Madame F... et Monsieur D... pour enquête sur le sérieux du consentement matrimonial des intimés ; À l'issue de l'enquête, le procureur de la République a, **par lettre** du 5 juillet 2002, **notifié au Maire que le mariage** « *n'est pas autorisé* », aux motifs qu'il s'agit du troisième dossier de mariage présenté par Madame F... avec une personne étrangère, que Madame F... ne paraît pas jouir de toutes ses facultés mentales, que Monsieur D... est en situation irrégulière sur le territoire français ; Sur assignation délivrée par Madame F... et Monsieur D... le 15 novembre 2002, **le président du Tribunal de grande instance de Paris statuant en référé** a, **par ordonnance** du 27 novembre 2002, **rejeté leur demande en mainlevée de l'opposition** du 5 juillet 2002, au motif que n'était pas prouvée une véritable intention matrimoniale ; Madame F... et Monsieur D... ont interjeté appel de l'ordonnance le 13 décembre 2002 et déposé le 16 janvier 2003 des conclusions tendant à l'infirmation de la décision, à la mainlevée de l'opposition et à l'autorisation de leur mariage ; **Monsieur le Procureur général a conclu le 14 février 2003 à la confirmation de l'ordonnance.**

LA COUR : Considérant que **la décision déférée a été rendue à l'issue d'une procédure non conforme** aux dispositions des articles 66, 175-2 et 177 du Code civil ; qu'en effet **l'opposition du Ministère Public** aurait dû être **signifiée par acte d'huissier de justice** et non notifiée par lettre simple ; qu'en outre, la demande de **mainlevée n'a pas été soumise au Tribunal de grande instance** qui était seul compétent, à l'exclusion du juge des référés, pour en connaître ; – Considérant que la fragilité psychologique de Madame F..., ses antécédents familiaux perturbés et la situation administrative de Monsieur D... ne suffisent pas à faire échec au droit de se marier qu'ils revendiquent à juste titre dès lors qu'il constitue **une liberté fondamentale** ; que les circonstances relevées par le Ministère Public ne sont pas exclusives de la **volonté des futurs époux de vivre une véritable union matrimoniale** ; qu'aucun autre fait du dossier n'est de nature à contredire la stabilité et la sincérité des liens qu'ils ont établis depuis plus d'un an ni à révéler leur intention d'éluder les conséquences légales du mariage ; que l'ordonnance doit en conséquence être infirmée.

Par ces motifs, **infirme l'ordonnance, donne mainlevée de l'opposition à mariage formée par Monsieur le procureur de la République** le 5 juillet 2002, [...].

Composition de la juridiction : MM. Lacabarats, prés. – Lautru, av. gén. – Me Habibi-Alaoui, av. – *Décision attaquée* : Tribunal de grande instance de Paris (ord. réf.), 27 nov. 2002 (Infirmation).

Mots-clés : MARIAGE. – Opposition – Procureur de la République – Fragilité psychologique – Intention matrimoniale

Notez que la Cour de Paris utilise traditionnellement l'expression « considérant que » plutôt que l'expression « attendu que ».

Décodage de la référence

« Paris, 23 avril 2003, *D*. 2003.2716 » signifie arrêt rendu par la Cour d'appel de Paris, le 23 avril 2003, publié au *Dalloz* 2003, partie jurisprudence p. 2716.

Remarquez que le seul nom de la ville, dans la référence, indique un arrêt de la cour d'appel de cette ville.

CONSEILS PRATIQUES

Pour vous exercer

❏ *Relevez immédiatement*
- la juridiction,
- la décision dont il est fait appel,
- le genre de l'arrêt d'appel (infirmatif ou confirmatif),
- sa date,
- son domaine.

❏ *Vérifiez votre connaissance de la terminologie*
Vous devez comprendre le sens des mots et expressions suivants :
- opposition à mariage,
- mainlevée de l'opposition,
- statuer en référé,
- liberté fondamentale.

❏ *Rechercher la structure de l'arrêt*
Cachez les indications données en marge et retrouvez-les vous-même.

❏ *Trouvez les mots pour expliquer*
- les faits,
- la procédure,
- la décision de la Cour d'appel de Paris,
- ses motifs de procédure et de fond.

UNE DÉCISION DU CONSEIL D'ÉTAT
publié à la *Semaine juridique*
CE 16 sept. 2002, *JCP* 2003.II.10037

10037 – Le refus d'autoriser un établissement commercial à occuper le domaine public communal en vue d'y installer une terrasse ne porte pas atteinte à une liberté fondamentale

PHOTOGRAPHIE   RADIOGRAPHIE

Le refus d'autoriser un établissement commercial à occuper le domaine public communal en vue d'y installer une terrasse, alors même qu'il a une incidence sur l'attraction commerciale de celui-ci, ne peut être regardé par lui-même comme portant atteinte à une liberté fondamentale. Il en irait certes autrement si ce refus était fondé sur un motif étranger aux considérations d'intérêts général de nature à le justifier au regard des exigences de la bonne utilisation des dépendances du domaine public.

Sommaire

CE, ord. réf., 16 sept. 2002, req. n° 250313 ; Sté EURL La Cour des miracles [*Juris-Data* n° 2002-064389].

Renvoi au site *Juris-Data*

Mots-clés : Contentieux administratif – Référé - Référé-liberté – Domaine public – Refus d'autoriser un établissement commercial à occuper le domaine public communal – Installation d'une terrasse – Incidence sur l'attraction commerciale de l'établissement – Absence d'atteinte à une liberté fondamentale.
Juris-Classeur : Administratif, fasc. 1093, par Michel COURTIN.

LE CONSEIL D'ÉTAT – [...] Vu l'ordonnance attaquée ; – Vu les autres pièces du dossier ; – Vu le Code général des collectivités territoriales ; – Vu le Code de commerce ; – Vu le Code de justice administrative ;
• Considérant qu'aux termes de l'article L. 521-1 du Code de justice administrative : « Saisi d'une demande en ce sens justifiée par l'urgence, **le juge des référés peut ordonner toutes mesures nécessaires à la sauvegarde d'une liberté fondamentale** à laquelle une personne morale de droit public ou un organisme de droit privé chargé de la gestion d'un service public aurait porté, dans l'exercice d'un de ses pouvoirs, une atteinte grave et manifestement illégale. Le juge des référés se prononce dans un délai de quarante-huit heures ».
• Considérant que **le refus d'autoriser un établissement commercial à occuper le domaine public communal en vue d'y installer une terrasse**, alors même qu'il a une incidence sur l'attraction commerciale de celui-ci, **ne peut être regardé par**

lui-même comme portant atteinte à une liberté fondamentale ; qu'il en irait certes autrement si ce refus était fondé sur un motif étranger aux considérations d'intérêt général de nature à le justifier au regard des exigences de la bonne utilisation des dépendances du domaine public ; que toutefois l'EURL requérante, qui n'a d'ailleurs pas contesté en temps utile, devant le juge de l'excès de pouvoir, le refus opposé à sa demande du 1er février 2002 tendant à être autorisée à installer une telle terrasse, ne peut être regardée, en l'état de l'instruction, comme établissant de manière manifeste que cette décision – au même titre que la décision de préemption de l'immeuble voisin – serait fondée, comme elle le soutient, sur une animosité personnelle liée au contexte politique local ; qu'il en résulte que **les conditions requises pour que le juge des référés prononce une injonction sur le fondement de l'article L. 521-2 précité ne sont pas réunies** ; qu'il y a lieu par suite de **rejeter l'appel formé par l'EURL** « La Cour des miracles » selon la procédure prévue à l'article L. 522-3 du Code de justice administrative ;

• Considérant que les dispositions de l'article L. 761-1 du Code de justice administrative font obstacle à ce que la commune de Collioure, qui n'est pas partie perdante dans la présente instance, soit condamnée à payer à la requérante la somme qu'elle demande au titre des frais exposés par celle-ci et non compris dans les dépens.

— Motifs

Remarquez que le Conseil d'État utilise l'expression « considérant que ».

Ordonne
Article 1er : La requête de la société EURL « La Cour des miracles » est rejetée.

Dispositif

N.B. Ce qui portait autrefois le nom d'*arrêt* du Conseil d'État est aujourd'hui appelé *décision* (c. justice adm., art. R. 741-5).

UN ARRÊT DU TRIBUNAL DES CONFLITS (*Blanco*)
reproduit dans *Les grands arrêts de la jurisprudence administrative*

RADIOGRAPHIE

PHOTOGRAPHIE

1
COMPÉTENCE – RESPONSABILITÉ
T. C. 8 févr. 1873, *Blanco***,**
Rec. 1er suppl^t 61, concl. David

(*D.* 1873.3.17, concl. David ; *S.* 1873.3.153. concl. David)

T. C. = Tribunal des conflits.

Blanco : nom de la partie. En droit administratif, il est d'usage de le mentionner dans la référence et de désigner l'arrêt par ce nom.
Rec. : *Recueil Lebon*
Conclusions du commissaire du Gouvernement David.

ARRÊT

Cons. que l'action intentée par le sieur Blanco contre le préfet du département de la Gironde, représentant l'État, a pour objet de faire déclarer l'État civilement responsable, par application des art. 1382, 1383 et 1384 du code civil, du dommage résultant de la blessure que sa fille aurait éprouvée par le fait d'ouvriers employés par l'administration des tabacs ;

Passage ayant valeur de **principe** signalé en italique dans l'ouvrage.

> Cons. que la responsabilité, qui peut incomber à l'État pour les dommages causés aux particuliers par le fait des personnes qu'il emploie dans le service public, ne peut être régie par les principes qui sont établis dans le code civil, pour les rapports de particulier à particulier ;
>
> Que cette responsabilité n'est ni générale, ni absolue ; qu'elle a ses règles spéciales qui varient suivant les besoins du service et la nécessité de concilier les droits de l'État avec les droits privés ;

Dispositif
(résumé entre parenthèses).

Que, dès lors, aux termes des lois ci-dessus visées, l'autorité administrative est seule compétente pour en connaître ;... (Arrêté de conflit confirmé.)

OBSERVATIONS

Une enfant ayant été renversée et blessée par un wagonnet de la manufacture des tabacs, le conflit avait été élevé devant les tribunaux judiciaires, saisis par le père de l'enfant d'une action en dommages-intérêts contre l'État comme civilement responsable des fautes commises par les ouvriers de la manufacture.

Le Tribunal des conflits devait ainsi résoudre la question de savoir, pour reprendre les termes des conclusions du commissaire du gouvernement David, « quelle est, des deux autorités administrative et judiciaire, celle qui a compétence générale pour connaître des actions en dommages-intérêts contre l'État ». L'arrêt rendu à cette occasion devait connaître une fortune singulière. On l'a considéré pendant longtemps comme l'arrêt de principe, la « pierre angulaire » du droit administratif tout entier ; aujourd'hui certains auteurs soutiennent qu'il est périmé,...

UNE DÉCISION DU CONSEIL CONSTITUTIONNEL
publié à la *Semaine juridique*

Cons. const., 26 mars 2003, *JCP* 2003.II.10066

10066 – Le Conseil constitutionnel ne tient ni de l'article 61, ni de l'article 89, ni d'aucune autre disposition de la Constitution le pouvoir de statuer sur une révision constitutionnelle.

PHOTOGRAPHIE

La compétence du Conseil constitutionnel est strictement délimitée par la Constitution ; elle n'est susceptible d'être précisée et complétée par voie de loi organique que dans le respect des principes posés par le texte constitutionnel ; le Conseil constitutionnel ne saurait être appelé à se prononcer dans d'autres cas que ceux qui sont expressément prévus par ces textes.
L'article 61 de la Constitution donne au Conseil constitutionnel mission d'apprécier la conformité à la Constitution des lois organiques et, lorsqu'elles lui sont déférées dans les conditions fixées par cet article, des lois ordinaires ; le Conseil constitutionnel ne tient ni de l'article 61, ni de l'article 89, ni d'aucune autre disposition de la Constitution le pouvoir de statuer sur une révision constitutionnelle.

Cons. const., 26 mars 2003, déc. n° 2003-469 DC.

Mots-clés : Lois et règlements – Constitutionnalité – L. constit. n° 2003-276, 28 mars 2003 – Organisation décentralisée de la République – Révision constitutionnelle – Conseil constitutionnel – Pouvoir de statuer (non).
Juris-Classeur : Administratif, fasc. 1414, par Guillaume DRAGO.

LE CONSEIL CONSTITUTIONNEL – [...] Vu la Constitution, notamment ses articles 61 et 89 ; – Vu l'ordonnance du 7 novembre 1958 portant loi organique sur le Conseil constitutionnel ; [...]

- 1. Considérant que la compétence du Conseil constitutionnel est strictement délimitée par la Constitution ; qu'elle n'est susceptible d'être précisée et complétée par voie de loi organique que dans le respect des principes posés par le texte constitutionnel ; que le Conseil constitutionnel ne saurait être appelé à se prononcer dans d'autres cas que ceux qui sont expressément prévus par ces textes ;
- 2. Considérant que l'article 61 de la Constitution donne au Conseil constitutionnel mission d'apprécier la conformité à la Constitution des lois organiques et, lorsqu'elles lui sont déférées dans les conditions fixées par cet article, des lois ordinaires ; que le Conseil constitutionnel ne tient ni de l'article 61, ni de l'article 89, ni d'aucune autre disposition de la Constitution le pouvoir de statuer sur une révision constitutionnelle ;
- 3. Considérant qu'il résulte de ce qui précède que le Conseil constitutionnel n'a pas compétence pour statuer sur la demande susvisée, par laquelle les sénateurs requérants lui défèrent, aux fins d'appréciation de sa conformité à la Constitution, la révision de la Constitution relative à l'organisation décentralisée de la République approuvée par le Congrès le 17 mars 2003.

RADIOGRAPHIE

Sommaire

Règle applicable :
- En général
- En particulier sur les art. 61 et 89

Solution : Décision d'incompétence

Décide :
Article 1er : Le Conseil constitutionnel n'a pas compétence pour se prononcer sur la demande susvisée. ⎫ **Dispositif**
[...]
MM. Yves Guéna, prés., Michel Ameller, Jean-Claude Colliard, Olivier Dutheillet de Lamothe, Pierre Joxe, Pierre Mazeaud, Mmes Monique Pelletier, Dominique Schnapper et Simone Veil. **Membres du Conseil constitutionnel**

UN ARRÊT DE LA COUR EUROPÉENNE DES DROITS DE L'HOMME
publié à la *Semaine juridique*

CEDH 13 févr. 2003, JCP 2003.II.10049

10049 – La compatibilité avec la Convention EDH de l'accouchement sous X.

La requérante reproche à la France de ne pas assurer le respect de sa vie privée par son système juridique qui, de manière absolue, fait obstacle à l'action en recherche de maternité lorsque la mère biologique a demandé le secret et qui, surtout, ne permet pas la communication de données identifiantes sur celle-ci, ni par l'intermédiaire des services d'aide sociale à l'enfance, ni par celui d'un autre organisme qui lui donnerait accès à ces renseignements.
La question à laquelle la cour doit répondre – le droit de savoir signifie-t-il l'obligation de divulguer – prend toute sa dimension dans l'examen de la loi du 22 janvier 2002, en particulier au regard de la marge d'appréciation de l'État.
En l'espèce, la cour observe que la requérante a eu accès à des informations non identifiantes sur sa mère et sa famille biologique lui permettant d'établir quelques racines de son histoire dans le respect de la préservation des intérêts des tiers.
Par ailleurs, le système mis en place par la France récemment, s'il conserve le principe de l'admission de l'accouchement sous X, renforce la possibilité de lever le secret de l'identité qui existait au demeurant à tout moment avant l'adoption de la loi du 22 janvier 2002. La nouvelle loi facilitera la recherche des origines biologiques grâce à la mise en place d'un Conseil national de l'accès aux origines personnelles, organe indépendant, composé de magistrats, de représentants d'associations concernées par l'objet de la loi et de professionnels ayant une bonne connaissance pratique des enjeux de la question. D'application immédiate, elle peut désormais permettre à la requérante de solliciter la réversibilité du secret de l'identité de sa mère, sous réserve de l'accord de celle-ci, de manière à assurer équitablement la conciliation entre la protection de cette dernière et la demande légitime de la requérante, et il n'est même pas exclu, encore que cela soit peu probable, que, grâce au nouveau conseil institué par le législateur, la requérante puisse obtenir ce qu'elle recherche.
La législation française tente ainsi d'atteindre un équilibre et une proportionnalité suffisante entre les intérêts en cause. La cour observe à cet égard que les États doivent pouvoir choisir les moyens qu'ils estiment les plus adaptés au but de la conciliation ainsi recherchée. Au total, la cour estime que la France n'a pas excédé la marge d'appréciation qui doit lui être reconnue en raison du caractère complexe et délicat de la question que soulève le secret des origines au regard du droit de chacun

à son histoire, du choix des parents biologiques, du lien familial existant et des parents adoptifs.
Partant, il n'y a pas eu violation de l'article 8 de la convention.

CEDH, 13 févr. 2003, req. n° 42326/98, *Odièvre c/ France*.

Mots-clés : Conventions internationales – Convention européenne des droits de l'homme – Art. 8 – Accouchement sous X – L. 22 janv. 2002 – Compatibilité.

Juris-Classeur : Europe Traité, fasc. 6520 à 6522, par Gérard COHEN-JONATHAN, avec la collaboration de Jérôme BENZIMRA-HAZAN et Séverine FAUTRELLE.

LA COUR – [...] En droit :
[...]
II. Sur la violation alléguée de l'article 8 de la convention :
• 24. La requérante se plaint de ne pouvoir obtenir la communication d'éléments identifiants sur sa famille naturelle et de l'impossibilité qui en résulte pour elle de connaître son histoire personnelle. Elle allègue la violation de l'article 8 de la convention, ainsi libellé :
« 1. Toute personne a **droit au respect de sa vie privée et familiale** [...].
2. **Il ne peut y avoir ingérence d'une autorité publique dans l'exercice de ce droit que** pour autant que cette ingérence est prévue par la loi et qu'elle constitue une mesure qui, dans une société démocratique, est nécessaire à la sécurité nationale, à la sûreté publique, au bien-être économique du pays, à la défense de l'ordre et à la prévention des infractions pénales, à la protection de la santé ou de la morale, ou à la protection des droits et libertés d'autrui. »

A. Applicabilité :
[...]
2. Appréciation de la cour :
• 28. En l'espèce, la cour relève que la quête de la requérante n'est pas de remettre en cause l'existence de sa filiation adoptive mais de **connaître les circonstances de sa naissance et de son abandon** englobant la connaissance de l'**identité de ses parents biologiques et de ses frères**. C'est la raison pour laquelle elle n'estime pas nécessaire d'examiner l'affaire sous l'angle de la vie familiale, mais sous celui de la vie privée. En effet, c'est de l'impossibilité d'avoir accès à ses origines et à des données identifiantes sur celles-ci que la requérante tire, au nom de la vérité biologique, sa revendication à connaître son histoire personnelle.
• 29. La cour rappelle à cet égard que « l'article 8 protège un droit à l'identité et à l'épanouissement personnel et celui de nouer et de développer des relations avec ses semblables et le monde extérieur. [...] La sauvegarde de la stabilité mentale est un préalable inéluctable à la jouissance effective du droit au respect de la vie privée » (*arrêt Bensaid c/ Royaume-Uni, 6 févr. 2001, n° 44599/98, § 47*). Parmi cet épanouissement, figurent l'établissement des détails de son identité d'être humain et l'intérêt vital, protégé par la convention, à obtenir des informations nécessaires à la découverte de la vérité concernant un aspect important de son identité personnelle, soit par exemple l'identité de ses géniteurs (*arrêt Mikuli c/ Croatie, 7 févr. 2002, n° 53176/99, §§ 54 et 64*). La naissance, et singulièrement les circonstances de celle-ci, relève de la vie privée de l'enfant, puis de l'adulte, garantie par l'article 8 de la convention qui trouve ainsi à s'appliquer en l'espèce.

B. Observation de l'article 8 :
[...]
2. Appréciation de la cour :
• 40. La cour rappelle que si l'article 8 tend pour l'essentiel à prémunir l'individu contre des ingérences arbitraires des pouvoirs publics, il ne se contente pas de commander à l'État de s'abs-

tenir de pareilles ingérences : à cet engagement plutôt négatif peuvent s'ajouter des obligations positives inhérentes à un respect effectif de la vie privée. Elles peuvent impliquer l'adoption de mesures visant au respect de la vie privée jusque dans les relations des individus entre eux (*arrêt X et Y c/ Pays-Bas* du 26 mars 1985, série A, n° 91, p. 11, § 23). La frontière entre les obligations positives et négatives de l'État au titre de l'article 8 ne se prête pas à une définition précise ; les principes applicables sont néanmoins comparables. En particulier, dans les deux cas, il faut avoir égard au **juste équilibre à ménager entre les intérêts concurrents** ; de même, dans les deux hypothèses, l'État jouit d'une certaine marge d'appréciation (*arrêt Mikuli* précité, § 58).

• 41. **La requérante reproche à la France** de ne pas assurer le respect de sa vie privée **par son système juridique** qui, de manière absolue, fait obstacle à l'action en recherche de maternité lorsque la mère biologique a demandé le secret et qui, surtout, **ne permet pas la communication de données identifiantes** sur celle-ci, ni par l'intermédiaire des services d'aide sociale à l'enfance, ni par celui d'un autre organisme qui lui donnerait accès à ces renseignements.

• 44. L'expression « toute personne » de l'article 8 de la convention s'applique **à l'enfant comme à la mère**. D'un côté, il y a le droit à la connaissance de ses origines qui trouve son fondement dans l'interprétation extensive du champ d'application de la notion de vie privée. L'intérêt vital de l'enfant dans son épanouissement est également largement reconnu dans l'économie générale de la Convention (voir, parmi beaucoup d'autres les *arrêts Johansen c/ Norvège* du 7 août 1996, Recueil 1996-III, p. 1008, § 78, *Mikuli* précité, § 64 ou *Kutzner c/ Allemagne*, 26 févr. 2002, n° 46544/99, § 66). De l'autre, on ne saurait dénier l'intérêt d'une femme à conserver l'anonymat pour sauvegarder sa santé en accouchant dans des conditions médicales appropriées. En l'espèce, la mère de la requérante n'est jamais allée voir le bébé à la clinique et s'en est séparée, semble-t-il, avec une indifférence absolue (voir § 12 ci-dessus [non reproduit]), et il n'est pas allégué qu'elle ait exprimé par la suite le moindre désir de connaître sa fille : il n'appartient pas à la cour de porter un jugement sur cette attitude, mais seulement de la constater. La cour se trouve en l'espèce en présence **de deux intérêts privés difficilement conciliables**, qui touchent d'ailleurs non une adulte et une enfant, mais deux adultes jouissant chacune de l'autonomie de sa volonté.

En sus de ce conflit d'intérêts, **la problématique de l'accouchement anonyme** ne saurait se poser sans que **la question de la protection des tiers**, essentiellement **les parents adoptifs** et **le père ou le restant de la famille biologique**, ne soit posée. La cour note à cet égard que la requérante a aujourd'hui près de trente-huit ans, qu'elle a été adoptée dès l'âge de quatre ans, et que la levée non consensuelle du secret de sa naissance pourrait comporter des risques non négligeables, non seulement pour sa mère elle-même, mais aussi pour sa famille adoptive qui l'a élevée, pour son père et pour sa fratrie biologique, qui tous ont également droit au respect de leur vie privée et familiale.

• 45. **L'intérêt général** n'est pas non plus absent dans la mesure où la loi française s'inscrit, depuis longtemps, dans le souci de protéger la santé de la mère et de l'enfant lors de la grossesse et de l'accouchement, et d'éviter des avortements, en particulier des avortements clandestins, ou des abandons « sauvages ». Le droit au respect de la vie, valeur supérieure garantie par la convention, n'est ainsi pas étranger aux buts que recherche le système français.

Dans ces conditions, la question à laquelle la cour doit répondre - le droit de savoir signifie-t-il l'obligation de divulguer - prend toute sa dimension dans l'examen de la loi du 22 janvier 2002, en particulier au regard de la marge d'appréciation de l'État.

• 46. La cour rappelle que le choix des mesures propres à garantir l'observation de l'article 8 de la convention dans les rapports interindividuels relève en principe de **la marge d'appréciation des États contractants**. Il existe à cet égard différentes manières d'assurer le « respect de la vie privée » et « la nature de l'obligation de l'État dépend de l'aspect de la vie privée qui se trouve en cause » (arrêt X et Y précité, § 24).

• 47. La cour observe que les États contractants ne connaissent pas, pour la plupart d'entre eux, de législations comparables à celle de la France, au moins sur l'impossibilité à jamais d'établir un lien de filiation à l'égard de sa mère biologique, dans le cas où celle-ci persiste à maintenir le secret de son identité vis-à-vis de l'enfant qu'elle a mis au monde. Elle note cependant que certains pays ne prévoient pas l'obligation de déclarer le nom des parents biologiques lors de la naissance et que des pratiques d'abandon sont avérées dans plusieurs autres engendrant de nouveaux débats sur l'accouchement anonyme. Elle en déduit que face à la diversité des systèmes et traditions juridiques, mais également des pratiques d'abandon sous des formes diverses, les États doivent jouir d'une certaine marge d'appréciation pour décider des mesures propres à assurer la reconnaissance des droits garantis par la convention à toute personne relevant de leur juridiction.

- 48. En l'espèce, la cour observe que la requérante a eu accès à des informations non identifiantes sur sa mère et sa famille biologique lui permettant d'établir quelques racines de son histoire dans le respect de la préservation des intérêts des tiers.
- 49. Par ailleurs, **le système mis en place par la France récemment, s'il conserve le principe de l'admission de l'accouchement sous X, renforce la possibilité de lever le secret de l'identité** qui existait au demeurant à tout moment avant l'adoption de la loi du 22 janvier 2002. La nouvelle loi facilitera la recherche des origines biologiques grâce à **la mise en place d'un Conseil national de l'accès aux origines personnelles**, organe indépendant, composé de magistrats, de représentants d'associations concernées par l'objet de la loi et de professionnels ayant une bonne connaissance pratique des enjeux de la question. D'application immédiate, elle peut désormais permettre à la requérante de **solliciter la réversibilité du secret de l'identité de sa mère sous réserve de l'accord de celle-ci** de manière à assurer équitablement la conciliation entre la protection de cette dernière et la demande légitime de la requérante, et il n'est même pas exclu, encore que cela soit peu probable, que, grâce au nouveau conseil institué par le législateur, la requérante puisse obtenir ce qu'elle recherche.

La législation française **tente ainsi d'atteindre un équilibre et une proportionnalité suffisante entre les intérêts en cause**. La cour observe à cet égard que les États doivent pouvoir choisir les moyens qu'ils estiment les plus adaptés au but de la conciliation ainsi recherchée. Au total, la cour estime que **la France n'a pas excédé la marge d'appréciation** qui doit lui être reconnue en raison du caractère complexe et délicat de la question que soulève le secret des origines au regard du droit de chacun à son histoire, du choix des parents biologiques, du lien familial existant et des parents adoptifs.

Partant, il n'y a **pas eu violation de l'article 8 de la convention**.
[...]

Par ces motifs, la cour :
[...]
- 2. Dit, par dix voix contre sept, qu'il n'y a pas eu violation de l'article 8 de la convention.
[...]
M. Wildhaber, prés.

UN ARRÊT DE LA COUR DE JUSTICE DES COMMUNAUTÉS EUROPÉENNES
publié à la *Semaine juridique*
CJCE 15 déc. 1995, *JCP* 1996.II.22660

22660. COMMUNAUTÉS EUROPÉENNES. – Libre circulation des travailleurs. Joueurs professionnels de football. Règles relatives aux transferts. Clauses de nationalité. Entraves (oui).

CJCE, 15 déc. 1995, aff. C-415/93 ; *Bosman c/UEFA et a.* [Extraits].

L'article 48 du Traité CEE relatif à la libre circulation des travailleurs s'oppose à l'application de règles édictées par des associations sportives selon lesquelles, d'une part, un joueur professionnel de football ressortissant d'un État membre, à l'expiration du contrat qui le lie à un club, ne peut être employé par un club d'un autre État membre que si ce dernier a versé au club d'origine une indemnité de transfert, de formation ou de promotion, et d'autre part, lors des matches des compétitions que ces associations organisent, les clubs de football ne peuvent aligner qu'un nombre limité de joueurs professionnels ressortissants d'autres États membres.

RÉFÉRENCES JURIS-CLASSEURS : *J. -Cl. Europe*, Fasc. 601, par Nicole CATALA.

LA COUR ; – (...) **Sur l'interprétation de l'article 48 du Traité au regard des règles relatives aux transferts :**

68. Par la première de ses questions, le juge de renvoi demande en substance si l'article 48 du Traité s'oppose à l'application de règles édictées par des associations sportives, selon lesquelles un joueur professionnel de football ressortissant d'un État membre, à l'expiration du contrat qui le lie à un club, ne peut être employé par un club d'un autre État membre que si ce dernier a versé au club d'origine une indemnité de transfert, de formation ou de promotion.

Quant à l'application de l'article 48 aux règles édictées par des associations sportives :

73. En réponse à ces arguments, il y a lieu de rappeler que, compte tenu des objectifs de la Communauté, l'exercice des sports relève du droit communautaire dans la mesure où il constitue une activité économique au sens de l'article 2 du Traité *(v. CJCE, 12 déc. 1974, Walrave, aff. 36/74 : Rec. CJCE, p. 1405, point 4).* Tel est le cas de l'activité des joueurs professionnels ou semi-professionnels de football, dès lors qu'ils exercent une activité salariée ou effectuent des prestations de services rémunérées *(v. CJCE, 14 juill. 1976, Donà, aff. 13/76 : Rec. CJCE, p. 1333, point 12).*

74. Il y a lieu également d'observer que, en tout état de cause, aux fins de l'application des dispositions communautaires relatives à la libre circulation des travailleurs, il n'est pas nécessaire que l'employeur revête la qualité d'entreprise, le seul élément requis étant l'existence d'une relation de travail ou la volonté d'établir une telle relation.

75. L'application de l'article 48 du Traité n'est pas davantage exclue du fait que les règles relatives aux transferts régissent les rapports économiques entre clubs, plutôt que les relations de travail entre clubs et joueurs. En effet, la circonstance que les clubs employeurs sont tenus d'acquitter des indemnités à l'occasion du recrutement d'un joueur provenant d'un autre club affecte les possibilités des joueurs de trouver un emploi, ainsi que les conditions auxquelles cet emploi est offert.

76. S'agissant de la difficulté de scinder les aspects économiques et les aspects sportifs du football, la Cour a reconnu, dans l'arrêt *Donà*, précité, points 14 et 15, que les dispositions communautaires en matière de libre circulation des personnes et des services ne s'opposent pas à des réglementations ou pratiques justifiées par des motifs non économiques, tenant au caractère et au cadre spécifiques de certaines rencontres. Elle a cependant souligné que cette restriction du champ d'application des dispositions en cause doit rester limitée à son objet propre. Dès lors, elle ne peut être invoquée pour exclure toute une activité sportive du champ d'application du Traité.

77. Quant aux conséquences éventuelles du présent arrêt sur l'organisation du football dans son ensemble, il est de jurisprudence constante que, si les conséquences pratiques de toute décision juridictionnelle doivent être pesées avec soin, on ne saurait cependant aller jusqu'à infléchir l'objectivité du droit et compromettre son application en raison des réper-

cussions qu'une décision de justice peut entraîner. Tout au plus de telles répercussions pourraient-elles être prises en considération pour décider, le cas échéant, s'il y a lieu, à titre exceptionnel, de limiter les effets d'un arrêt dans le temps *(v., notamment, CJCE, 16 juill. 1992, Legros et a., aff. C-163/90 : Rec. CJCE, I, p. 4625, point 30).*

78. L'argument tiré de prétendues analogies entre le sport et la culture ne peut davantage être accueilli, dès lors que la question posée par le juge national ne porte pas sur les conditions d'exercice de compétences communautaires d'étendue limitée, telles que celles fondées sur l'article 128, paragraphe 1, mais sur la portée de la libre circulation des travailleurs, garantie par l'article 48, qui constitue une liberté fondamentale dans le système des Communautés *(v., notamment, CJCE, 31 mars 1993, Kraus, aff. C-19/92 : Rec. CJCE, I, p. 1663, point 16).*

79. En ce qui concerne les arguments tirés de la liberté d'association il y a lieu de reconnaître que ce principe, consacré par l'article 11 de la Convention européenne de sauvegarde des droits de l'homme et des libertés fondamentales et résultant des traditions constitutionnelles communes aux États membres, fait partie des droits fondamentaux qui, selon la jurisprudence constante de la Cour, par ailleurs réaffirmée par le préambule de l'Acte unique européen et par l'article F, paragraphe 2, du Traité sur l'Union européenne, sont protégés dans l'ordre juridique communautaire.

80. Cependant, on ne saurait considérer que les règles édictées par des associations sportives et visées par la juridiction nationale sont nécessaires pour garantir l'exercice de cette liberté par lesdites associations, par les clubs ou par les joueurs, ou qu'elles en constituent une conséquence inéluctable.

PAR CES MOTIFS, la cour, statuant sur les questions à elle soumises par la Cour d'appel de Liège, par arrêt du 1er octobre 1993, dit pour droit :

1) L'article 48 du Traité CEE s'oppose à l'application de règles édictées par des associations sportives, selon lesquelles un joueur professionnel de football ressortissant d'un État membre, à l'expiration du contrat qui le lie à un club, ne peut être employé par un club d'un autre État membre que si ce dernier a versé au club d'origine une indemnité de transfert, de formation ou de promotion.

2) L'article 48 du Traité CEE s'oppose à l'application de règles édictées par des associations sportives, selon lesquelles, lors des matches des compétitions qu'elles organisent, les clubs de football ne peuvent aligner qu'un nombre limité de joueurs professionnels ressortissants d'autres États membres.

3) L'effet direct de l'article 48 du Traité CEE ne peut être invoqué à l'appui de revendications relatives à une indemnité de transfert, de formation ou de promotion qui, à la date du présent arrêt, est déjà payée ou est encore due en exécution d'une obligation née avant cette date, exception faite pour les justiciables qui ont, avant cette date, engagé une action en justice ou soulevé une réclamation équivalente selon le droit national applicable.

MM. Rodriguez Iglesias, Prés., Kakouris, Edward, Hirsch, Prés. de chambre, Maucini, Rapp., Moitinho de Almeida, Kapteyn, Gulmann, Murray, Jann, Ragnemalm, Juges, Lenz, Av. gén.

Note – L'affaire Bosman, les spécificités sportives en question. – Jamais un arrêt rendu par la Cour de justice des Communautés européennes n'a connu un tel prolongement médiatique même si cette juridiction a souvent l'occasion de prendre des décisions dans des secteurs clés de la vie sociale.

UN ARRÊT EN FORME DE SYLLOGISME

2 février 1977. Irrecevabilité.

Sur la recevabilité du pourvoi :

Règle générale applicable (majeure). — Attendu que selon les articles 1 et 2 du décret n° 67-1210 du 22 décembre 1967. le pourvoi en cassation est formé au plus tard dans un délai de deux mois à compter de la signification de la décision attaquée :

Qu'en vertu des dispositions de l'article 46 du décret susvisé du 22 décembre 1967 et des articles 6 et 7 du décret n° 72-788 du 28 août 1972, alors applicable, ce délai expire le jour du dernier mois qui porte le même quantième que le jour de l'acte qui fait courir le délai, à vingt-quatre heures ;

Cas particulier de l'espèce (mineure). — Attendu qu'en l'espèce le pourvoi a été formé par la dame Benet le 4 septembre 1975 contre l'arrêt rendu le 27 mai 1975 par la Cour d'appel d'Aix-en-Provence ; que, cet arrêt ayant été signifié le 3 juillet 1975 à la dame Benet, le pourvoi est tardif et doit être déclaré irrecevable :

Application du général au particulier : Décision prise (conclusion). — PAR CES MOTIFS :

DÉCLARE IRRECEVABLE le pourvoi formé contre l'arrêt rendu le 27 mai 1975 par la Cour d'appel d'Aix-en-Provence.

N° 75-14.290.   *Dame Benet contre société Groupement outre-mer pharmaceutique (GOMP) et autre.*

Vous entendrez souvent dire que les décisions judiciaires sont bâties *en forme de syllogisme*. Qu'est-ce qu'un syllogisme ? C'est un raisonnement qui consiste dans l'*application d'une règle générale à un cas particulier*.

Exemple classique :
1° Tous les hommes sont mortels (majeure : règle générale).
2° Or Socrate est un homme (mineure : cas particulier).
3° Donc Socrate est mortel (conclusion).

Les juristes ont justement pour rôle d'appliquer les règles de droit aux cas particuliers qui se présentent. Le syllogisme est donc un raisonnement proprement juridique.

CHAPITRE 3

La fiche de jurisprudence

Ne soyez pas l'étudiant...

– *qui retourne trois fois à la bibliothèque pour y chercher les mêmes arrêts*
– *qui les déchiffre indéfiniment sans même les reconnaître*
– *qui doit relire toute la décision chaque fois qu'on lui pose une question*
– *qui confond l'argumentation du pourvoi avec celle de la Cour de cassation*
– *qui n'a pas le temps de revoir la jurisprudence pour l'examen parce que cela supposerait de passer des journées à tout reprendre.*

LES CLÉS

Rentabiliser votre travail

Après avoir passé du temps à la lecture ou plutôt *aux lectures actives* qui vous auront permis de comprendre la décision, ne laissez pas perdre cet effort. Notez rapidement sur une fiche une analyse courte et précise dont vous prendrez très vite l'habitude. Concise, bien présentée, c'est la *fiche de jurisprudence* ou *fiche d'arrêt*. Soigneusement classées dans vos dossiers (v. *supra,* p. 2 et s.), les fiches d'arrêt vous éviteront de perdre du temps à la bibliothèque, d'accumuler les photocopies rebutantes à déchiffrer, de ne pas retrouver trois mois après le sens d'un arrêt que vous aviez compris à grand peine.

Acquérir des réflexes d'analyse

Ne croyez pas que la fiche de jurisprudence soit seulement un exercice que l'on vous impose pour la préparation des séances de TD. Elle constitue en réalité une méthode de base indispensable à toute étude de la jurisprudence : l'analyse contenue dans la fiche prépare au commentaire d'arrêt, permet de noter et de garder les résultats d'un travail de recherche, rend possible une révision rapide et efficace de la jurisprudence (v. *infra,* p. 69, 127 et 218).

La fiche de jurisprudence est un instrument de travail utilisé par tous les juristes. Il s'agit donc pour vous d'*acquérir dès le départ des réflexes, des automatismes*, qui vous serviront toute votre vie.

I. L'analyse d'une décision

A. Comment analyser une décision

Analyser, ce n'est pas seulement lire, se faire une vague idée, voir en gros ce que contient la décision.

Analyser c'est décomposer, décomposer afin de faire apparaître dans l'ensemble les divers éléments contenus, et parfois cachés.

1. Faites apparaître la structure

Les exercices de « radiographie » du chapitre précédent sont déjà un effort d'analyse. Commencez toujours par faire apparaître la structure de la décision à analyser, au moyen de crochets, ou d'indications en marge, et en soulignant les articulations, selon les modèles du chapitre 2.

Vous pouvez – et devez – *écrire sur vos documents de TD*. Pour étudier un arrêt dans une revue, il est conseillé aux débutants d'en faire une photocopie sur laquelle on écrit librement. Lorsque vous aurez acquis un peu d'expérience, il vous suffira de faire la fiche de jurisprudence immédiatement, selon l'habitude acquise.

2. Recherchez et notez les éléments à retenir

Il ne s'agit pas de paraphraser longuement la décision. Il faut au contraire la clarifier, la *résumer*, en *extraire l'essentiel*.

Pour comprendre et pour être à même de retenir ce qui fait le particularisme et l'intérêt d'une décision, vous devez *découvrir, puis relever certaines informations précises*.

Vous accomplirez ce travail d'analyse, destiné à dégager l'essentiel, avec le double objectif :
– de **comprendre** de manière approfondie le problème posé et la solution adoptée par la décision ;
– de **vous constituer un instrument de travail** et de révision, en notant le plus clairement et le plus exactement possible les éléments à retenir sur une fiche facile à consulter.

CONSEILS PRATIQUES

Comment s'y prendre pour analyser une décision

– Établissez une fiche de jurisprudence (ou fiche d'arrêt) sur toutes les décisions *qui vous sont données à étudier*, ou qui vous sont signalées comme *particulièrement importantes*.

– *Avant d'entreprendre la rédaction de la fiche, vous devez avoir lu et compris la matière* sur laquelle porte la décision. On ne doit pas commencer par la jurisprudence mais par le cours et le manuel. Bien souvent, si vous ne comprenez pas l'arrêt, c'est parce que vous ne connaissez pas assez la *question théorique*, et sa *terminologie précise*.

– La fiche sera toujours faite selon la *même présentation* et le *même plan* (expliqués en détail ci-dessous), ceci afin d'avoir les idées claires, et de permettre l'acquisition de réflexes d'analyse.

– Cette fiche doit être *écrite immédiatement* après la lecture et l'étude de l'arrêt, sinon vous oublierez et le travail sera à refaire. Lorsque vous aurez cinq ou six arrêts à étudier, ne comptez pas vous souvenir deux jours après de chacun.

– Enfin, vos fiches d'arrêt doivent prendre place dans vos *dossiers par matières* (v. supra, p. 5 et s.). Classez-les au fur et à mesure. En maniant vos dossiers, vous prendrez l'habitude de rencontrer tels ou tels arrêts et, tout naturellement, sans aucun effort, vous connaîtrez la jurisprudence sur chaque question.

B. Le plan-type d'une fiche de jurisprudence (ou fiche d'arrêt) :

1 – Les faits.
2 – La procédure.
3 – Les thèses en présence.
4 – Le problème de droit.
5 – Le sens de la décision (la solution).

Reprenons et expliquons ces cinq éléments, que vous devez trouver dans la décision à analyser, et indiquer dans la fiche de façon courte et claire.

1. Les faits

Les faits sont les événements advenus entre les parties, et d'où est né le conflit, le litige. Ils peuvent être simples ou complexes. Vous devez les résumer *chronologiquement*, et en ne mentionnant que ce qui n'est contesté par personne, c'est-à-dire les *faits constants*.

2. La procédure

Dès que la justice est saisie par une assignation, une requête ou une poursuite, la procédure est entamée. Indiquez notamment dans la mesure où la décision le mentionne, et selon l'état d'avancement de la procédure :
– quel était l'objet de cette première demande, requête ou poursuite ;
– la décision prise par la juridiction de première instance ;
– qui a fait appel et sur quels arguments ;
– la décision de la juridiction d'appel (infirme, confirme, admet, déboute...).

En matière pénale ou administrative, les étapes à mentionner peuvent être différentes. Dans certains cas, il peut y avoir lieu de mentionner une première décision de la Cour de cassation, lorsque c'est la seconde fois que l'affaire revient devant elle.

3. Les thèses en présence

Indiquez les thèses ou prétentions soutenues par les parties *devant la juridiction qui a rendu la décision analysée*.
– En première instance, ce sont la demande et la défense initiales ;
– En appel, ce sont les prétentions et arguments de l'appelant et de l'intimé ;
– Devant la Cour de cassation, les deux positions adverses sont :
  • la décision prise par l'arrêt attaqué,
  • l'argumentation du pourvoi (qui attaque cet arrêt), c'est-à-dire les moyens de cassation invoqués.

4. Le problème de droit

La question de droit tranchée par la décision doit être posée **en termes juridiques et abstraits**, c'est-à-dire sans référence à l'affaire, comme un problème général.

Formulez un résumé très ramassé de l'opposition entre les deux thèses adverses. Laquelle des deux est bien fondée ? Le reproche fait par le pourvoi à l'arrêt attaqué est-il justifié ? (Sur la position du problème de droit, v. *infra*, p. 132).

5. Le sens de la décision

Le « sens » d'une décision est la **solution** qu'elle a apportée au problème posé, la position qu'elle a adoptée.

❑ Les **juges du fond** statuent en fait et en droit, c'est-à-dire qu'ils adoptent une version des faits (selon les preuves fournies) et appliquent à ces faits telles et telles règles de droit afin de régler le litige.

Dans l'analyse de la solution, il y a donc souvent lieu de distinguer ce qui a été décidé *en fait* et ce qui a été décidé *en droit*.

❑ La **Cour de cassation** est seulement juge du droit. Elle adopte une solution juridique, en réponse au problème de droit :
– soit elle rejette le pourvoi et donc adopte la solution de l'arrêt attaqué ;
– soit elle casse l'arrêt attaqué et donc adopte la position du pourvoi ;
– soit encore (ce qui est plus rare), elle s'autorise à prendre une position qui lui est propre : cassation par substitution de motifs (elle soulève d'office un autre moyen que ceux relevés par le pourvoi), ou même *obiter dictum* (elle tranche une question connexe qui ne lui était pas posée dans le cadre de l'affaire).

Efforcez-vous de formuler la position prise de façon claire et concise.

C'est le point essentiel de l'analyse que de préciser la règle ou l'interprétation posée par l'arrêt.

II. Exemple

Nous établirons ensemble une fiche de jurisprudence afin que vous voyiez concrètement comment on doit « remplir » les cinq rubriques de l'analyse et présenter la fiche.

La fiche établie en exemple à la page suivante est assez développée, afin d'être très compréhensible. Lorsque vous aurez acquis un peu d'expérience, vous pourrez faire des fiches encore plus concises.

CONSEILS PRATIQUES

Les précisions à mentionner dans la fiche

– La **date** de la décision et la **matière** dont elle relève doivent apparaître très nettement en haut de la fiche. Cela vous aidera à les mettre en mémoire.

– Si l'arrêt est paru dans plusieurs revues, vous pouvez indiquer les différentes références ; mentionnez surtout la ou les **notes** qui commentent certains arrêts importants et font le point sur la question.

– Il est souvent utile, sous le titre, de concrétiser d'un mot le contenu de l'arrêt (dans l'exemple de la page suivante, la mention *mère porteuse* rappelle toute l'affaire).

– Si l'arrêt constitue un important *revirement* de jurisprudence, ou un *arrêt de principe* essentiel, indiquez-le en haut de la fiche (ce n'est pas le cas dans l'exemple).

– **Soyez précis :** donnez les noms des parties ; dire seulement le « demandeur » ou le « défendeur » prête à équivoque, car il y a un demandeur initial (en première instance), un appelant qui peut ne pas être le même, et un demandeur au pourvoi. De même, pour donner la solution adoptée par une décision, il est tout à fait insuffisant de mentionner *déboute* ou *rejette* ou encore *casse* et *renvoie*, il faut indiquer exactement et *concrètement ce qui est décidé*.

– Le **problème de droit** doit être posé sous forme d'une véritable question (avec point d'interrogation) et la *solution* apportée à *ce* problème doit y correspondre et y répondre.

– En règle générale, *ne copiez pas* les faits (ni le moyen du pourvoi), mais résumez-les. Seul un attendu de principe peut être intéressant à retenir *in extenso* (intégralement).

– Enfin, **soignez la présentation** de vos fiches de jurisprudence, et *uniformisez-la*. Un gribouillage confus et indéchiffrable n'est pas un outil de travail. De plus, vous constaterez vite que l'effort de clarté de la présentation vous inspirera des idées claires ; le fond ne se sépare pas de la forme.

1 – L'arrêt

COUR DE CASSATION
(1ʳᵉ Ch. Civ.)

29 juin 1994

ADOPTION * Adoption simple * Maternité de substitution * Mères porteuses * Abandon d'enfant * Contrat * Nullité * Corps humain * État des personnes * Indisponibilité * Détournement. – ÉTAT ET CAPACITÉ DES PERSONNES * Indisponibilité * Maternité de substitution * Mères porteuses * Abandon d'enfant * Adoption * Détournement.

La convention par laquelle une femme s'engage, fût-ce à titre gratuit, à concevoir et à porter un enfant pour l'abandonner à sa naissance contrevient tant au principe d'ordre public de l'indisponibilité du corps humain qu'à celui de l'indisponibilité de l'état des personnes ;
Cassation, pour violation des art. 6 et 1128 c. civ., ensemble les art. 353 et 361 du même code, de l'arrêt qui prononce l'adoption simple de l'enfant né dans ces conditions par la mère substituée, alors que cette adoption n'est que l'ultime phase d'un processus d'ensemble destiné à permettre à un couple l'accueil à son foyer d'un enfant, conçu en exécution d'un contrat tendant à l'abandon à sa naissance par sa mère et que, portant atteinte aux principes de l'indisponibilité du corps humain et de l'état des personnes, ce processus constitue un détournement de l'institution de l'adoption [1].

(Y... c/ Mme X...) – ARRÊT

LA COUR : – Sur le moyen unique : – Vu les art. 6 et 1128 c. civ. ensemble les art. 353 et 361 du même code ; – Attendu que la convention par laquelle une femme s'engage, fût-ce à titre gratuit, à concevoir et à porter un enfant pour l'abandonner à sa naissance contrevient tant au principe d'ordre public de l'indisponibilité du corps humain qu'à celui de l'indisponibilité de l'état des personnes ; – Attendu que Mme Chantal X..., alors épouse de M. Patrick Y..., étant atteinte de stérilité, son mari a donné son sperme à Mme Z... qui, inséminée artificiellement, a porté et mis au monde l'enfant ainsi conçu ; qu'à sa naissance, le 17 nov. 1985, cette enfant, prénommée Solène, a été déclarée comme étant née de Mme Z... ; qu'elle a été ensuite successivement reconnue par celle-ci, puis par M. Y... ; que Mme Z..., qui avait aussitôt remis l'enfant aux époux Y..., a, le 16 juin 1986, donné son consentement à l'adoption plénière de la jeune Solène par ceux-ci ; que, toutefois, M. Y... ne s'est pas associé à cette procédure et Mme X..., ayant quitté le domicile conjugal en emmenant l'enfant, a formé une action en divorce ; qu'après avoir déposé une requête en adoption plénière, Mme X... a assigné son mari devant le tribunal de grande instance, qui a accueilli sa demande ; que la cour d'appel (CA Poitiers, ch. civ., 22 janv. 1992), statuant après le divorce des époux Y..., a infirmé partiellement cette décision et prononcé l'adoption simple de l'enfant par Mme X... ;

Attendu que pour se prononcer ainsi, l'arrêt attaqué retient qu'il est du devoir de la société de protéger l'enfant contre les erreurs des adultes et que l'adoption est conforme à l'intérêt de la jeune Solène, qui vit depuis sa naissance auprès de Mme X... ; qu'il ajoute que la solution contraire priverait injustement cette dernière de tout droit sur l'enfant alors que M. Y... pourrait exercer ses droits de père naturel ; – Attendu qu'en se déterminant ainsi, alors que cette adoption n'était que l'ultime phase d'un processus d'ensemble destiné à permettre à un couple l'accueil à son foyer d'un enfant, conçu en exécution d'un contrat tendant à l'abandon à sa naissance par sa mère, et que, portant atteinte aux principes de l'indisponibilité du corps humain et de l'état des personnes, ce processus constituait un détournement de l'institution de l'adoption, la cour d'appel a violé les textes susvisés ; et attendu qu'il y a lieu, conformément à l'art. 627, al. 2, NCPC, de mettre fin au litige en appliquant la règle de droit appropriée ;

Par ces motifs, casse..., dit n'y avoir lieu à renvoi ; rejette la demande de Mme X... tendant à l'adoption de l'enfant Solène Y...

CASS. 1ʳᵉ CIV., 29 juin 1994. – MM. Grégoire, f.f. prés. – Gélineau-Larrivet, rapp. – Mme Le Foyer de Costil, av. gén. – SCP de Chaisemartin et Courjon, Mᵉ Vuitton, av. – Cassation de CA Poitiers, 22 janv. 1992 [ch. civ.].

2 – La fiche

Civ. 1re, 29 juin 1994 *Mère porteuse*
(cassation sans renvoi) Adoption
D. 1994.581

1. Faits

Le couple de Mme Chantal X et de M. Patrick Y étant stérile, ces époux demandent à Mme Z de concevoir (par insémination artificielle à l'aide du sperme du mari), de porter, de mettre au monde puis d'abandonner un enfant qu'ils adopteront.
L'enfant Solène, naît le 17 novembre 1985. Il est remis aux époux et est reconnu par Mme Z et par le mari de Mme X.
Les époux se séparent, Mme Chantal X demande le divorce et veut adopter l'enfant.

2. Procédure

Le 16 juin 1986; Mme Z avait donné son consentement à l'adoption plénière par les époux; mais M. Y ne s'est pas associé à cette procédure et Mme Chantal X seule dépose une requête en adoption plénière. Le TGI fait droit à cette demande.
Puis, le divorce est prononcé et le 22 janvier 1992 la cour d'appel de Poitiers infirme partiellement le jugement en ne prononçant que l'adoption simple de l'enfant par Mme Chantal X.

3. Thèses en présence

L'arrêt attaqué admet l'adoption simple de l'enfant par la mère substituée, en se fondant sur les intérêts de l'enfant et de la mère substituée.
Le pourvoi du père naturel soutient que le contrat de mère porteuse est contraire aux principes d'ordre public selon lesquels on ne peut librement disposer ni du corps humain ni de l'état des personnes et qu'il conduit à un détournement de l'institution de l'adoption, qui doit donc être refusée dans ce cas.

4. Problème de droit

L'adoption doit-elle être admise dans l'intérêt de l'enfant et de la mère substituée ou bien doit-elle être refusée parce que le contrat de mère porteuse et le processus tout entier sont contraires à des principes d'ordre public ?
L'ordre public l'emporte-t-il sur les intérêts particuliers ?

5. Sens de l'arrêt (solution)

Cassation sans renvoi; la demande tendant à l'adoption de l'enfant est rejetée.
La réponse donnée par la Cour de cassation au problème de droit est la suivante : une adoption (même simple) ne peut conclure un processus contraire aux principes de l'indisponibilité du corps humain et de l'état des personnes, l'ordre public l'interdit.

6. *On peut noter* que cette jurisprudence s'est trouvée confortée par la loi « bioéthique » du 29 juillet 1994 qui sanctionne de nullité toute convention portant sur la procréation ou la gestation pour le compte d'autrui.

CHAPITRE 4

Chercher et trouver de la documentation[*]

Ne soyez pas l'étudiant...

– *qui prend la bibliothèque pour un lieu de rencontre, un abri contre les intempéries, ou une simple salle de travail ;*
– *qui est terrorisé par l'abondance de la documentation et prend le parti d'ignorer systématiquement tout ce qui n'est pas « dans le cours » ;*
– *qui entreprend une dissertation ou un commentaire d'arrêt sans rien avoir appris sur la question ;*
– *qui met trois heures à trouver un arrêt dans un recueil ;*
– *qui se figure que le Dalloz paraît sous la forme d'un gros volume annuel ;*
– *qui crois qu'« Obriero » (Aubry et Rau !) est un juriste espagnol, et que Hauriou enseigne toujours ;*
– *ni surtout qui pousse le vandalisme et le mépris de ses condisciples jusqu'à arracher une page d'un recueil ou d'un traité au lieu de la photocopier.*

---

[*] Ce chapitre a été mis à jour avec la collaboration de Jérémy Afane-Jacquart, avocat.

LES CLÉS

Apprendre et comprendre avant d'entreprendre des recherches

Commencez par le commencement. Avant toute étude de documents, avant toute recherche, lisez, comprenez, apprenez le cours ou un manuel.

L'étude approfondie d'une question commence dans vos instruments de travail habituels. Sachez exploiter la documentation dont vous disposez avant d'en chercher d'autres.

Puis élargissez les recherches de proche en proche, ne progressez que sur des bases solides, dans la mesure où c'est nécessaire et où vous comprenez ce que vous utilisez.

Pendant vos recherches, *gardez toujours en tête votre objectif*, pour sélectionner correctement les informations utiles et ne pas vous écarter du sujet.

Savoir où chercher

Familiarisez-vous le plus tôt possible avec ce que l'on appelle la **documentation juridique**, c'est-à-dire l'ensemble de tous les traités, manuels, encyclopédies, recueils et revues qui sont mis à votre disposition ainsi qu'avec les banques de données et CD-Rom existants. Beaucoup de notions sur la doctrine et la jurisprudence entreront ainsi tout naturellement dans votre esprit.

Habituez-vous à l'organisation matérielle et au fonctionnement de la **bibliothèque** de votre faculté. Le fait de consulter un fichier ou d'emprunter un livre ne doit vous poser aucun problème.

Le droit est dans les livres

À l'heure actuelle, le bon juriste est celui qui sait cerner un problème, puis trouver rapidement la réponse dans les livres. Au début du siècle, certains grands juristes connaissaient tout le droit. Aujourd'hui, ce n'est plus possible. De nouvelles branches, de nouvelles disciplines apparaissent sans cesse, et l'on ne peut être spécialiste à la fois des assurances, de l'Union européenne, de la construction et de l'urbanisme, des différends frontaliers entre États africains, des syndicats professionnels, de la protection des consommateurs, etc.

Vous vous spécialiserez donc tous plus ou moins dans les prochaines années.

Il n'en reste pas moins qu'au long d'une carrière d'avocat, de fonctionnaire ou de juriste d'entreprise, toutes sortes de questions peuvent se présenter ; et il arrive que le juriste consulté ne connaisse rien – ou pas grand-chose – à la question qui lui est soumise parce que les règles applicables sont toutes nouvelles, (le droit évolue très vite à l'heure actuelle), parce que sa carrière a changé d'orientation, ou simplement parce qu'il n'a pas encore eu l'occasion de se plonger dans cette question.

Justement persuadé que « le droit est dans les livres », *sachant où et comment chercher*, notre juriste sera capable de faire très vite le point sur une question nouvelle.

Soyez donc convaincu qu'*il est aussi important de savoir trouver que de savoir,* et que vous devez vous initier au maniement des livres, de l'informatique et, plus largement, de la documentation juridique en même temps qu'à celui des idées.

Savoir comment s'y prendre pour approfondir une question

Si vous ne savez pas comment vous y prendre pour étudier une question de manière approfondie, vous ne pouvez pas réussir des exercices un peu complexes comme la dissertation, le commentaire d'arrêt, l'exposé oral, etc.

Voyons donc la marche à suivre *pour entreprendre l'étude d'une question juridique, l'approfondir* par quelques recherches simples, et **vous y reconnaître dans le foisonnement de la documentation**.

Dans ce domaine encore, vous devez acquérir des automatismes « pour la vie », qui vous permettront d'être efficace, sans fatigue et sans perte de temps.

I. Comment chercher

Vous avez un travail personnel à faire, une question à étudier de manière un peu approfondie pour préparer un devoir ou un exposé. Il est normal qu'en débutant vous ne sachiez ni par où commencer, ni où aboutir, et que vous vous sentiez inhibé par la complexité, intellectuelle et matérielle, de la tâche.

Deux écueils sont à éviter :
– soit ignorer systématiquement tout ce qui n'est pas « dans le cours » et se limiter à un travail superficiel pour éviter d'apprendre à « faire des recherches » ;
– soit perdre son temps dans des recherches inutiles, et inutilisables, parce que l'on a négligé la préparation nécessaire.

Pour être « rentables », c'est-à-dire procurer en peu de temps des informations utiles et exploitables, les recherches doivent être soigneusement préparées, menées progressivement et rester limitées.

A. Première étape : acquérir les connaissances de base

Ne vous lancez jamais dans aucun exercice, dans aucune étude de document, dans aucune recherche avant d'avoir **pris connaissance de la matière théorique.**

Dans le cours de votre professeur et dans votre manuel habituel, *lisez* et *apprenez* tout le chapitre, ou tout le passage qui englobe la question précise que vous avez à étudier.

Attachez-vous à *comprendre parfaitement* cet ensemble.

Il est hors de question d'essayer d'approfondir un sujet sans avoir une vue claire du contexte.
– Élucidez le sens des termes techniques à l'aide d'un lexique.
– Lisez attentivement les textes légaux applicables (la plupart sont contenus dans les codes ou dans la Constitution).
– Au besoin, consultez un autre ouvrage : précis, manuel ou encyclopédie juridique (v. *infra*, p. 75 et s. la liste de ces ouvrages).

B. Deuxième étape : concentrer l'étude sur une question précise

Cela suppose une étude approfondie tant du **sujet** lui-même que du **contenu de la question.**

1. Situer, cerner, délimiter le sujet

La réflexion sur le sujet est une étape capitale sur laquelle nous reviendrons à propos de tous les exercices.

❑ **D'abord, situez la question dans l'ensemble de la matière :**
– *Repérez exactement où elle est traitée,* développée dans le cours et dans votre manuel. Elle peut être abordée en plusieurs endroits différents, qu'il faut rapprocher.
– *Remarquez comment la question apparaît dans le cours de votre professeur.*
Quelle importance lui a-t-il accordée ?
Quantitativement : un chapitre, trois lignes, ou de fréquents rappels.
Qualitativement : a-t-elle été signalée comme essentielle, ou comme délicate, comme une question classique ou nouvelle ?
Vous prendrez ainsi la mesure et la physionomie générale de la question que vous avez à étudier.
Consultez parallèlement votre manuel.
Partez du principe qu'on ne vous donne pas à étudier une question qui ne figure ni dans le cours ni dans les ouvrages. Vous êtes nécessairement en pays de connaissance. Il faut donc vous repérer, trouver exactement l'endroit où la question est traitée et en cerner le sens à l'aide de vos instruments de travail habituels.

❑ **Ensuite, précisez le sens du sujet :**
– *Recherchez le sens des mots,* ne commettez pas d'erreur de terminologie qui entraîne des contresens irréparables.
– *Puis concentrez-vous sur le fond :* quel est le *contenu* de la question, quelles sont les notions, les idées, les règles à étudier ?
Si l'énoncé de la question vous a été donné *de l'extérieur* (sujet de dissertation, d'exposé oral, etc.), il vous faut découvrir *ce que l'on attend de vous*. **Et l'on attend toujours de votre travail un contenu précis :** d'abord un certain nombre de points que vous devez traiter sous peine de « passer à côté » du sujet, puis les précisions, les distinctions ou les discussions qui témoigneront de votre effort d'approfondissement.
Si le problème a été dégagé *par vous-même* (dans un commentaire d'arrêt ou un cas pratique, par exemple), mettez d'abord tous vos soins à le poser correctement et à le formuler clairement (v. *infra,* p. 132 et 164) ; tenez-vous-y, *ne déviez pas,* étudiez exactement la question que vous avez posée.

Dans les deux cas, vous devez **réfléchir au sens de la question** avant de commencer votre travail, y revenir tout au long de vos recherches, quand vous réunissez votre documentation, afin de confronter sans cesse vos trouvailles à cette question, y réfléchir encore lorsque vous avez achevé votre étude, pour vous assurer qu'elle cadre bien, que vous ne vous êtes pas laissé entraîner hors du sujet.

❑ **Enfin, délimitez la question à étudier :**
Pour cela, il faut l'isoler et la différencier d'autres points voisins.

Surtout ne croyez pas qu'il vaut toujours mieux « ratisser large » et faire étalage de connaissances. Le meilleur signe d'intelligence et d'esprit juridique que vous puissiez donner est d'être capable de *délimiter* exactement la *question* et la *réponse*.

Une fois le sujet repéré, compris, délimité, vous êtes à même d'aborder utilement des documents ou des ouvrages plus approfondis.

2. Approfondir l'étude d'une question

Cela consiste à réunir des informations, des précisions, des opinions, à pénétrer dans les travaux des spécialistes. Pour ce faire, avant toute autre recherche, utilisez vos documents de TD ainsi qu'un traité.

❑ **Si l'on vous a distribué des documents** portant sur la question à étudier, travaillez-les en priorité, très soigneusement. Ils serviront de point de départ à vos recherches et ils pourront même être bien souvent suffisants si vous savez les exploiter (en première année tout au moins).

Dans un article ou une note de jurisprudence faisant « le point » sur une question, vous trouverez une foule d'informations sur son évolution, les solutions actuelles, les opinions des auteurs, etc.

Si vous souhaitez par la suite élargir vos recherches, vous y trouverez aussi des références aux travaux importants ou aux grands arrêts sur la question.

❑ **Consultez un grand traité,** plus développé et plus complet que votre manuel (v. *supra*, p. 17). Vous y trouverez des analyses fouillées ainsi que des éléments de réflexion et de discussion (v. *infra*, p. 75).

C. Troisième étape : faire des recherches

Faire des recherches... quoi de plus vague, de plus difficile à appréhender et, finalement, de plus décourageant pour un débutant ?

Il est pourtant indispensable, si vous voulez tirer profit de vos études, de dépasser le stade des simples rudiments et de préparer utilement votre avenir professionnel, en apprenant à utiliser la richesse immense de la documentation juridique.

Dès que vous aurez compris la manière de procéder, et surtout dès que vous aurez eu le courage de faire une ou deux expériences, vous constaterez que « faire des recherches » n'est ni si effrayant, ni aussi difficile que vous le croyez.

1. Relever des références

Dans tous les ouvrages et documents que vous avez déjà utilisés (cours, manuels, traités, documents de travaux dirigés), se trouvent cités, en note ou dans le texte, des arrêts, des notes de jurisprudence, des articles de doctrine, etc.

❏ **Choisissez les références les plus fréquemment citées**, celles des travaux ou arrêts *récents*, ou signalés comme particulièrement *importants*.

N'en retenez pas trop (surtout si l'on vous a déjà distribué des documents) ! Généralement, trois ou quatre références bien choisies suffisent.

❏ **Notez ces références sur une petite fiche bibliographique** que vous emporterez à la bibliothèque, sans erreur et avec toutes les indications nécessaires pour trouver vos documents sans difficulté.

2. Trouver la documentation à la bibliothèque

❏ **La bibliothèque** de votre faculté doit devenir pour vous un lieu familier dès le début de vos études.

Il est tout à fait souhaitable d'y venir, d'y fureter, de faire connaissance avec son agencement et son fonctionnement *avant* d'avoir à effectuer une recherche précise et urgente. Voyez comment sont rangés et classés les ouvrages usuels, les recueils de jurisprudence, les encyclopédies, les codes, etc. Remarquez surtout l'emplacement des livres qui portent sur votre programme et que vous serez appelés à consulter souvent.

❏ **Apprenez tout d'abord à utiliser un logiciel informatique de recherche d'ouvrages**. Généralement très complets, ils vous permettent de trouver le document que vous recherchez par l'insertion de mots-clés. Faites en sorte :
1. de bien étudier les possibilités offertes par le logiciel (les recherches croisées par thème et par années vous permettront de trouver très vite l'ouvrage qui vous intéresse) ;

2. de ne pas hésiter à demander l'aide aux bibliothécaires, qui vous expliqueront comment trouver rapidement les livres et revues dont vous avez obtenu la cote (numéro d'enregistrement).

Ainsi, le jour où vous arriverez avec votre petite fiche bibliographique pour trouver rapidement les documents dont vous aurez relevé les références, vous ne passerez pas des heures en recherches, tâtonnements, hésitations éprouvantes et décourageantes.

❑ Les **ouvrages** que vous aurez à consulter ne doivent pas non plus vous être totalement inconnus. C'est pourquoi, dans les pages qui suivent, vous trouverez tous les renseignements et les conseils nécessaires à la pratique des diverses catégories d'ouvrages, de revues, de recueils, etc., et à leur maniement (v. *infra*).

Initiez-vous en priorité à l'utilisation des *codes*, ainsi que des *recueils de jurisprudence*. Apprenez à y trouver, sans tâtonnements fastidieux, les articles ou bien les arrêts dont vous connaissez les références. Toutes les indications utiles vous sont données ci-dessous (codes, recueils, DVD, sites internet... v. *infra*).

Dès que vous serez en pays de connaissance, la recherche de trois ou quatre documents ne vous prendra que quelques minutes. Mais il reste à les analyser.

3. Analyser et trier la documentation

❑ **Lisez très attentivement** tout ce que vous avez trouvé. Il ne s'agit pas de parcourir le texte des yeux, mais d'appliquer la méthode de lecture active conseillée plus haut (v. *supra*).

Le travail approfondi que vous avez déjà fourni sur la question doit vous permettre de comprendre ce que vous lisez et d'en tirer profit.

En lisant, gardez sans cesse présents à l'esprit le *sujet* que vous étudiez et l'*objectif de vos recherches*. C'est indispensable pour *sélectionner les informations utiles* !

❑ N'hésitez pas **à imprimer** un arrêt ou un passage de doctrine qui paraît répondre particulièrement bien à votre recherche ou contenir une mine d'informations. Vous pourrez ainsi l'étudier à loisir et l'avoir sous les yeux pour préparer votre devoir. Rappelez-vous également que vous pouvez éviter les longues files d'attente à la photocopieuse en préférant l'utilisation des CD-Roms et des sites juridiques (cf. *infra*, La documentation électronique).

❏ **Écartez** ce qui vous paraît sans intérêt, et aussi ce que vous ne comprenez pas. Vous risqueriez de commettre un contresens – ou un non-sens – à citer une décision ou un raisonnement dont vous ne comprenez pas bien la signification ou la portée.

❏ **Établissez de courtes fiches de jurisprudence** sur les arrêts à retenir (v. *supra*, la méthode de la fiche d'arrêt), en y notant au besoin la formule d'un attendu de principe particulièrement marquant.

❏ Relevez quelques **phrases clés**, quelques **opinions** dans les textes de doctrine ; résumez un raisonnement ou une argumentation.

❏ **Mais ne perdez jamais de temps à recopier !** Pour exploiter intelligemment et efficacement la documentation, vous avez le choix entre trois procédés :
- la courte citation,
- le résumé,
- ou l'impression/photocopie.

❏ Enfin, **ne cherchez pas à utiliser trop de documentation** surtout en débutant. Il ne s'agit pas d'analyser vingt décisions, surtout si l'on vous a déjà fourni de la jurisprudence dans les documents de TD (sur la recherche experte ou avancée, v. *infra*).

D'une manière générale, dans un devoir ou un exposé, mieux vaut une petite documentation, bien choisie, centrée sur le sujet et exploitée à fond qu'un nombre énorme de citations concernant des documents non maîtrisés.

4. Noter l'inventaire

Ne fermez jamais un livre, ne quittez jamais la bibliothèque, **sans garder des traces de votre travail.** *Faites une fiche contenant l'inventaire*, c'est-à-dire la liste de tout ce que vous avez trouvé d'utile et d'intéressant sur la question (v. *infra*, Conseils pratiques).

II. Où trouver ?

Ce n'est pas une bibliographie que vous trouverez ici, c'est-à-dire une liste d'ouvrages à utiliser avec leur titre, le nom de leur auteur et celui de leur éditeur. Chaque professeur vous donnera une bibliographie sur sa matière et une bibliographie générale aurait la dimension des fichiers d'une grande bibliothèque !

Pour savoir où chercher, pour vous y retrouver dans la documentation juridique, il faut seulement que vous appreniez à hiérarchiser vos sources : en quoi un traité diffère d'un répertoire ? qu'est-ce qu'un recueil ? une monographie ? En un mot, il vous faut connaître les diverses *catégories* d'ouvrages, de recueils, de revues, savoir à quel public ils sont destinés et surtout comprendre l'usage qu'un étudiant peut et doit en faire.

CONSEILS PRATIQUES

Prenez l'habitude de faire un inventaire

L'inventaire n'est ni un plan, ni une argumentation, mais *une simple liste des éléments à utiliser*, très résumée, mais compréhensible.

D'une manière générale, *chaque fois* que vous étudiez une question, prenez l'habitude de relever cet inventaire, *comme préparation à votre travail définitif* (dissertation, commentaire d'arrêt ou de texte, exposé, etc.).

Utilisez une grande fiche cartonnée ou une feuille de couleur, pour la repérer facilement au milieu des autres, car elle contiendra le stock des matériaux à faire entrer dans la construction et dans la rédaction.

Tout au long de votre étude, vous y noterez en quelques mots les divers points à aborder ou les subdivisions de la question, les problèmes à résoudre, les éléments de solution ou de discussion, bref tout ce que vous trouvez, *tant dans la documentation que par vos propres réflexions*.

N'omettez pas de mentionner les références pour vous rappeler d'où provient telle ou telle information, et de citer vos sources. À ce propos, vos correcteurs, qui disposent d'outils de plus en plus perfectionnés, peuvent facilement retrouver si vous avez recopié un extrait d'œuvre : le plagiat étant *totalement proscrit*, notez bien les références de vos sources sur votre inventaire. Dans vos travaux, vous devrez ainsi citer tout extrait entre guillemets, suivi des références que vous aurez pris soin de relever, entre parenthèses.

Commencez l'inventaire de la question avec vos notes de cours, votre manuel ; continuez-le avec un traité ou des documents de TD ; enrichissez-le encore par vos recherches en bibliothèque et vos idées personnelles.

Nous retrouverons l'efficacité de l'inventaire pour tous les exercices demandés à des étudiants en droit. *L'inventaire est indispensable pour prendre une vue d'ensemble du contenu d'une question et faciliter la découverte d'un plan.*

En outre, pratiquement, l'inventaire libère l'esprit, rassure, fait gagner du temps en évitant de consulter plusieurs fois les mêmes documents et permet de ne rien oublier.

L'inventaire fait donc partie des méthodes à acquérir dès le début de vos études et à réutiliser par la suite chaque fois que vous consulterez des ouvrages et ferez des recherches en vue d'élaborer un travail juridique de quelque nature qu'il soit.

La marche à suivre pour étudier une question de manière approfondie

1. Apprendre
(Cours, manuel)

2. Comprendre
(Lexique, code, encyclopédie)

⎫ le passage du cours

3. Situer
Repérer.
Cerner et délimiter.
(Cours, manuels, au besoin encyclopédie)

4. Approfondir
(Documents de travaux dirigés, un traité)

⎫ le sujet

5. Chercher
Relever des références.
Trouver et étudier en bibliothèque

⎫ des documents sur le sujet

6. Noter
Faire l'*inventaire* du contenu du sujet.

Au fur et à mesure, nous donnerons quelques exemples parmi les ouvrages les plus usuels, les plus classiques ou les plus récents, et nous vous décrirons plus précisément ceux que vous devez impérativement connaître et consulter souvent.

A. Les codes

Chacun sait que dans les codes sont réunis les textes légaux et réglementaires qui régissent une matière. On y trouve la *loi*, au sens large du mot.

CONSEILS PRATIQUES

Acquérir et utiliser les codes

Vous devez **acquérir un code civil** dès le début de vos études et, par la suite, les codes que vos professeurs vous conseilleront.

- Ne vous servez pas d'un code ancien. Depuis une vingtaine d'années, les réformes législatives sont si nombreuses dans tous les domaines que les codes se périment très vite. ***Utilisez le code de l'année.*** Si votre professeur vous signale une réforme très récente ou imminente, vous pouvez vérifier sur le site internet « Legifrance » (site gratuit du service public de la diffusion du droit, v. *supra*) la teneur des modifications qui ne peuvent déjà figurer dans le code.

- Il faut le *feuilleter longuement* et soigneusement pour faire connaissance avec la présentation, le plan, le style, les annotations, et surtout les diverses tables. La simple lecture de la loi et des règlements vous apprendra bien plus que la lecture parcellaire de notes de doctrine, et ce de manière très rapide.

Par exemple, vous souhaitez vous informer sur les meubles et les immeubles. Vous consultez d'abord le plan du Code civil et tombez sur le titre Ier du livre deuxième qui traite précisément du sujet. Vous lisez ensuite les articles 516 à 543 du Code civil. Au terme de votre courte lecture, le sujet vous semblera soudain plus simple.

N'oubliez pas que beaucoup de professeurs autorisent l'usage du code lors des épreuves d'examen ou de contrôle continu. Vous

> ne pourrez l'utiliser efficacement dans de telles circonstances que si vous avez appris à vous en servir (connaissance générale de sa structure, utilisation du plan et de l'index, compréhension des annotations).
> - Vous devez y *lire* tous les textes étudiés ou cités dans vos cours, tous les textes invoqués dans un arrêt que vous avez à commenter (v. *infra*) ou ceux qui vous semblent applicables pour la solution d'un cas pratique (v. *infra*). **Habituez-vous tout de suite à vous référer au texte même de la loi**, à y réfléchir, à en pénétrer le sens. On ne peut pas apprécier ce que disent les uns ou les autres d'une disposition légale, les interprétations, les critiques, si l'on n'en a pas une connaissance « de première main ».
> - Enfin, pour vos recherches, **utilisez les annotations** qui figurent sous les articles. Ces références de jurisprudence et de doctrine vous seront précieuses.

1. À qui sont-ils destinés ?

À tous les juristes sans exception. Chacun choisit ceux qui répondent à ses spécialités. Le Code civil est non seulement nécessaire à tous les juristes, mais utile à tous les citoyens.

2. Description

Tout bachelier sait qu'en France la codification systématique des textes de loi a été entreprise par Napoléon Ier. Sous l'Empire ont été édictés les **cinq codes classiques** : le Code civil, le Code de procédure civile (actuellement partiellement abrogé et remplacé en grande partie par le nouveau Code de procédure civile), le Code de commerce, le Code d'instruction criminelle (abrogé et remplacé par le Code de procédure pénale) et le Code pénal (abrogé et remplacé sa version actuelle).

Par la suite, d'autres ensembles de lois ont été **codifiés** par les **pouvoirs publics**.

> **Par exemple :**
> le Code du travail, le Code général des impôts, le Code de la sécurité sociale, le Code de la route, le Code de la consommation et, plus récemment, le Code géné-

ral de la propriété des personnes publiques, ou encore, le Code du tourisme. Ce sont des codes officiels dont le but est d'accroître l'accessibilité de la norme au public.

En outre, d'autres textes encore ont été codifiés par les **éditeurs privés** (Dalloz notamment) qui ont pris l'initiative de réunir en un code toute une série de lois régissant une même matière.

Par exemple :
le Code administratif, le Code des sociétés et des marchés financiers (Dalloz) ; le Code constitutionnel (Litec). Ce sont des codes non officiels.

Naturellement le contenu de tous ces codes évolue sans cesse, au fil des réformes législatives qui abrogent certains textes légaux et en promulguent de nouveaux. Sachez cependant qu'il reste dans le Code civil un nombre non négligeable d'articles datant de 1804.

Il existe, d'une part, une **édition officielle** (seulement pour les codes officiels) qui contient uniquement les dispositions de la loi et des règlements, sans annotations (textes consultables gratuitement sur le site internet Legifrance, ou édités sous format papier par l'édition des Journaux officiels) et, d'autre part, des **éditions privées**. Parmi ces dernières, les plus intéressantes sont les éditions annotées (Dalloz, rouge ; Litec, bleu).

Dans un code annoté, les textes de loi sont assortis d'indications propres à en faciliter l'étude. De plus on y trouve :
– *des textes non codifiés expressément* par le législateur, mais que l'éditeur y insère ;
– des renvois sous certains articles à des articles connexes (réglementant la même matière ou une question très voisine) ;
– des renvois aux encyclopédies (*Répertoire* Dalloz ou *Juris-classeur*, v. *infra*) ;
et surtout :
– des références, sous chaque article, à la jurisprudence et à la doctrine, avec un bref sommaire des arrêts importants.

Le *Mégacode civil* Dalloz propose en plus de ces annotations de véritables commentaires structurés.

Les *Juris-codes* de chez Lexisnexis, commentés et annotés par des auteurs, regroupent un ensemble de textes d'origines diverses relatifs à un même thème, structurés dans un plan et enrichis de commentaires pratiques et d'annotations de jurisprudence. La périodicité de leur publication est moins fréquente que celle des codes simplement annotés (environ tous les deux ans).

En fin de chaque code, des **tables**, en général bien conçues, permettent les recherches :
– une *table analytique* établie d'après le plan du code lui-même ;
– une *table chronologique des textes* de loi d'après la date de leur promulgation ;
– une *table alphabétique des matières* divisée par mots-clés (les « accès »).

Toutes ces adjonctions, sélectionnées et apportées aux textes légaux par de bons juristes, augmentent considérablement la quantité d'informations fournies par le code et en font un instrument de travail *indispensable*.

Beaucoup de codes sont *disponibles sur CD-Rom*. Les éditions Lexis Nexis proposent d'accéder, sur un même CD-Rom, à une soixantaine de codes complétés par de nombreux textes non codifiés et des traités.

B. Les traités, manuels, précis, mémentos

Ce sont des ouvrages dont les auteurs sont très généralement des professeurs de droit, et qui exposent les diverses matières, branches ou disciplines du droit de manière didactique, c'est-à-dire *en vue d'instruire le lecteur*.

1. À qui sont-ils destinés ?

Ces livres sont *principalement destinés aux étudiants*, à l'enseignement du droit. Mais, bien évidemment, tous les juristes les utilisent, à l'occasion, pour rafraîchir leurs connaissances et comparer les opinions des auteurs.

2. Description

Ces ouvrages diffèrent les uns des autres par l'ampleur de leurs développements et aussi par leur esprit.

❏ **Les traités**

Ces ouvrages sont très amplement développés, les questions y sont étudiées de manière approfondie et complète. Ils se composent souvent de plusieurs volumes, parfois d'un grand nombre s'ils traitent de toute une branche du droit (*Le cours de Code Napoléon* de Demolombe, commencé en 1845, comporte 31 volumes !).

Par ailleurs, les traités témoignent généralement d'une *pensée personnelle et originale*. Leurs auteurs *prennent position* sur les questions, élaborent des théories, approuvent ou critiquent le droit positif. En un mot, ce sont de grands juristes.

Certains traités sont écrits par un ou deux auteurs seulement, d'autres sont l'œuvre de toute une équipe qui se répartit les matières (parfois sous la direction d'un des auteurs). Il arrive souvent qu'un traité un peu ancien soit mis à jour ou « refondu » par un auteur plus jeune (qui en garde ou non l'esprit initial).

On touche là l'inconvénient de ce genre d'ouvrage : c'est une œuvre considérable, mais qui se périme vite, qu'il est difficile, lourd et coûteux de tenir à jour. La science du droit ne peut pourtant pas se passer de quelques grands esprits assez courageux et audacieux pour entreprendre ou maintenir à jour des ouvrages approfondis.

Quelques exemples de grands classiques parmi les traités (ceci n'est pas une bibliographie) :

– AUBRY et RAU, *Cours de droit civil* (premières éditions avant 1850, 12 volumes dans la 5e édition annotée par Bartin, 1923).

– JÈZE, *Principes généraux de droit administratif* (6 vol. dans la 1re édition de 1925-1936).

– DUGUIT, *Traité de droit constitutionnel* (5 vol., 1921).

– PLANIOL et RIPERT, *Traité pratique de droit civil français* (14 vol. dans la 1re édition de 1925).

Des ouvrages (traités et manuels) à jour :

– F. TERRÉ, Ph. SIMLER, Y. LEQUETTE, *Droit civil*, coll. « Précis », Dalloz.

– la collection « droit civil », dirigée par Ph. MALAURIE et L. AYNÈS, avec P. MORVAN, P.-Y. GAUTIER, P. STOFFEL-MUNCK et P. CROCQ (9 tomes dans la 1re édition, renouvellée en 2005), Defrénois.

– *Traité de droit civil*, sous la direction de J. GHESTIN (14 volumes déjà parus dans la 2e édition), LGDJ.

CONSEILS PRATIQUES

Acquérir, utiliser un traité

L'idéal est, bien sûr, de pouvoir acquérir le ou les volumes d'un traité correspondant au programme que l'on étudie. Deux recommandations cependant :
- ne faites cet investissement un peu onéreux que pour un *volume à jour*, dont l'édition est récente, et en tout cas postérieure aux réformes législatives qui peuvent être intervenues en la matière. Vos enseignants pourront vous conseiller à ce propos ;
- n'achetez pas un volume de traité avant d'avoir commencé l'année. Il est bon de connaître d'abord les *affinités intellectuelles* de votre professeur, et les *vôtres* avec tel ou tel auteur. Commencez donc par utiliser ces volumes à la bibliothèque et voyez s'il vous serait profitable d'en posséder un et lequel. Si vous prenez vraiment de l'intérêt pour une matière ? vous souhaiterez acheter un bon traité (un joueur de tennis hésite-t-il à acheter une bonne raquette, un mélomane à investir dans une bonne chaîne ?) ;
- quant aux grands traités classiques anciens, vous en trouverez sûrement des extraits dans vos documents de TD, vos professeurs vous expliqueront les conceptions de leurs auteurs et leur influence. Jusqu'à la licence, il vous suffit de retenir les grandes théories attachées à certains noms (comme *la théorie du patrimoine*, d'Aubry et Rau).

❏ Les manuels

Ce sont des ouvrages plus *maniables* (comme le mot l'indique) que les grands traités, plus faciles d'accès parce que moins développés et constitués de volumes plus petits. Le manuel vise moins à être exhaustif que le traité. Il est apparu plus récemment.

> **Par exemple (hors ceux précédemment cités) :**
> CARBONNIER, *Droit civil* ; FLOUR, AUBERT, SAVAUX, *Droit civil, les obligations* ; DELVOLVÉ, *Droit administratif*.

❏ **Les précis**

Comme leur nom l'indique, ce sont des livres clairs et *concis*, destinés à présenter la matière de manière descriptive, objective et ramassée. Chaque volume correspond à une tranche de programme, ou à une matière autonome enseignée. L'éditeur crée une collection de précis et impose aux auteurs un format et une présentation commode et pédagogique. Des rééditions fréquentes maintiennent les précis à jour.

Par exemple :
les « Précis » Dalloz (il en existe dans toutes les matières), les « Précis » Domat (Montchrestien).

CONSEILS PRATIQUES

Acquérir et utiliser des manuels et des précis

Vous devez impérativement *posséder un manuel ou un précis à jour* dans les matières du programme (sauf peut-être des matières d'oral pour lesquelles il existe un cours polycopié intégral de l'année). Ce sera votre principal outil de travail. Choisissez-le d'après les conseils de votre professeur (il doit correspondre au programme traité) et d'après vos goûts.

Ne le revendez pas à la fin de l'année. Jusqu'à ce qu'il soit périmé, votre livre servira à vous rafraîchir la mémoire.

❏ **Les mémentos**

Ce sont des *aide-mémoire* : leur rôle normal est d'aider à revoir des questions que l'on a déjà comprises. Car le mémento ne contient aucune explication, mais uniquement des plans détaillés clairement présentés. (Il faut mettre à part les « *Mémentos Francis Lefebvre* », destinés principalement aux praticiens et qui, malgré leur nom, constituent plutôt de véritables précis.)

CONSEILS PRATIQUES

Acquérir, utiliser des mémentos

Ne négligez pas les mémentos, pour les oraux surtout. Il est bien connu que, malgré les recommandations réitérées de tous les enseignants, de nombreux étudiants négligent leurs matières d'oral, s'y mettent trop tard et se laissent déborder. Si vous vous êtes mis dans ce mauvais cas, l'utilisation intelligente de mémentos peut parfois vous sauver. Huit jours avant un oral, il est bien tard pour extraire l'essentiel de notes de cours mal prises ou d'un livre de 300 pages. Un mémento fournit des notions essentielles, des définitions, un résumé de la matière qui simplifient et accélèrent les révisions.

Mais le *danger* est de ne pas se montrer capable d'exploiter ces connaissances un peu squelettiques. Cela nécessite une certaine aisance, et une très bonne expression orale. Pour des débutants, le risque est grand... (v. *infra*, La préparation des épreuves orales).

C. Les encyclopédies juridiques ou répertoires

Dans l'édition juridique, ces deux mots sont à peu près synonymes. Ils désignent de volumineux ouvrages collectifs, qui recouvrent l'essentiel du droit positif.

Les diverses rubriques, écrites par des auteurs différents, sont classées soit par ordre alphabétique, soit selon l'ordre des articles d'un code. Il existe des encyclopédies dans toutes les matières juridiques, des plus générales aux plus spécialisées. Toutes sont constamment mises à jour.

1. À qui sont-ils destinés ?

Aux praticiens d'abord : les répertoires sont leurs principaux instruments de recherche ; ils y trouvent le droit positif exposé de façon claire et objective, les solutions actuellement en vigueur sur toute question qui leur est posée. Mais il est bien évident que les encyclopédies de droit général (droit civil, droit administratif, droit pénal, etc.) s'adressent à **tous les juristes** et peuvent être particulièrement utiles aux **étudiants, même débutants**, car l'information y est claire, complète et facile d'accès.

2. Description

L'esprit général des encyclopédies est avant tout pratique ; ce qui signifie qu'on y trouve décrits et expliqués les règles et les mécanismes juridiques, les *solutions* apportées par la loi, la jurisprudence récente ou la pratique aux diverses questions qui se posent. On y apprendra, par exemple, dans quels cas on peut divorcer, comment se déroule la procédure, quels seront les effets du divorce sur les conjoints, sur leurs enfants, sur leurs biens, etc., l'ensemble étant exposé de façon précise et objective, avec des références aux textes légaux et aux arrêts les plus récents.

Mais dans ces ouvrages pratiques, les théories et les controverses doctrinales ne sont pas développées. Les considérations philosophiques (la réflexion sur les règles), sociologiques ou historiques que l'on trouve dans les traités et manuels, n'ont pas ici leur place.

❑ Le **style** adopté par les auteurs dans ces encyclopédies est simple, clair, objectif, parfois un peu impersonnel.

❑ Ces **auteurs** sont en général de bons spécialistes de la matière qu'ils traitent, qu'ils appartiennent à l'université, à la magistrature, à l'administration ou à d'autres professions juridiques.

❑ La **présentation matérielle** de ces ouvrages est imposante : une série de gros et lourds volumes (plus de 30 volumes pour le *Juris-Classeur civil* par exemple), dont la reliure est *mobile*, c'est-à-dire qu'elle peut être ouverte pour y insérer de nouveaux feuillets à jour et retirer ceux qui sont devenus caducs.

Des **mises à jour fréquentes** permettent donc à ces répertoires et encyclopédies de suivre l'évolution du droit.

3. Deux exemples d'encyclopédies juridiques

Examinons le *plan* et le *maniement* de deux encyclopédies différentes, afin que vous puissiez les consulter sans difficulté.

❑ **L'Encyclopédie juridique Dalloz**

Elle comprend 59 volumes. Ce total est d'abord divisé par disciplines : 10 volumes pour le *Répertoire de droit civil*, 7 volumes pour le *Répertoire* de *droit pénal et de procédure pénale*, 3 volumes pour le *Répertoire de contentieux administratif*, etc. (toutes les branches du droit sont traitées).

À l'intérieur de chacun de ces répertoires, le classement des rubriques est *alphabétique* : on rencontre successivement les mots *absence, abus de droit, accession,* etc.
C'est pourquoi une **référence** à l'*Encyclopédie Dalloz* (telle qu'elle figure notamment dans le Code civil) s'inscrit : *Rép. civ.,* ou *Enc.* Dalloz *dr. civ.,* v° *Preuve,* n° 40 (v° signifie *verbo,* mot latin se traduisant par « au mot », ou « sous le mot » ; la rubrique en question figure « sous le mot preuve »).

Le *plan* de la rubrique, très détaillé mais toujours clair, se trouve en en-tête. Lisez et méditez sur quelques-uns de ces plans concernant des sujets que vous connaissez, ou lorsque, justement, on vous demande un plan détaillé sur une question. Ils constituent d'excellents exemples d'étude descriptive à, bien sûr, adapter.

– Une *bibliographie* sur le sujet traité suit le plan.
– Les *développements* sont divisés en paragraphes numérotés et émaillés de références de jurisprudence et de doctrine.
– Un *index alphabétique,* en fin de rubrique, facilite la recherche sur un point précis.
– Le *nom de l'auteur* (qui autrefois figurait en fin de rubrique) figure désormais sous l'intitulé.

Une *mise à jour annuelle* est envoyée aux abonnés. Présentée rubrique par rubrique, elle reprend et remplace la précédente et s'insère en tête des différentes reliures des *Répertoires*. En outre, les *Cahiers de l'actualité* présentent tous les deux mois la dernière actualité de la matière. Enfin, les rubriques sont régulièrement « refondues » pour tenir compte des évolutions du droit. La date de rédaction de la rubrique figure au bas de la page.

La grande majorité des *Répertoires de l'Encyclopédie juridique* Dalloz est actuellement disponible sur CD-Rom (version PC uniquement). Un nouveau CD-Rom est joint à chaque envoi de *Refonte,* soit trois fois par an.

❑ **Les *Juris-Classeurs* des éditions Lexis Nexis**
Ils constituent un ensemble monumental comprenant une centaine de collections et plus de 450 volumes. Certaines de ces collections sont très spécialisées (*Juris-Classeur Divorce, Juris-Classeur Copropriété*) tandis que d'autres couvrent une discipline (*Juris-Classeur Civil Code, Juris-Classeur Administratif,* etc.).

Dans chaque collection, un plan général renvoie aux volumes et aux numéros de fascicules. Il en est de même de l'index alphabétique général.

Dans certaines collections, tels les *Juris-Classeurs Civil Code* et *Pénal Code*, les fascicules correspondent à des articles (ou à des groupes d'articles) de codes et sont généralement classés *selon l'ordre des articles du code*. La plupart des fascicules combinent une référence au numéro du ou des articles, mais également à un numéro de fascicule. Ces références figurent en chapeau en haut à droite du fascicule (certains fascicules communs à plusieurs collections ont des chapeaux multiples : on y trouvera précisés les collections contenant le fascicule en question et le numéro particulier attribué au fascicule dans ces différentes collections).

Par exemple :
Si l'on veut connaître les peines dont est passible le voleur, on cherchera dans le *Juris-Classeur Pénal Code* le volume dont le fascicule figure sous les articles 311-1 à 311-16 du Code pénal (alors que dans le *Répertoire de droit pénal et de procédure pénale* de l'Encyclopédie Dalloz, on aurait cherché au mot « Vol »).
Une référence au *Juris-Classeur Pénal Code* s'inscrit de la manière suivante : *J. Cl. Pénal*, art. 311-1 à 311-16.

Certains thèmes, par exemple le divorce pour faute, font l'objet de plusieurs fascicules ; ceux-ci sont identifiés, en plus du numéro des articles du Code civil régissant la matière, par des numéros de fascicule.
Une référence au *Juris-Classeur Civil Code* s'inscrit de la manière suivante : *J. Cl. Civil*, art. 242 à 246, fasc. 10, n° 12.

D'autres collections, au contraire, *suivent un plan méthodique (comme un traité)*. Ainsi, une référence au *Juris-Classeur Travail Traité* se rédige : « *J. Cl. Travail Traité*, v° *Congés payés*, fasc. 32-10, n° 65 ».

En tête de chaque fascicule figurent l'*intitulé*, le nom de l'*auteur*, les *points-clés*, le *sommaire analytique* (plan très détaillé), l'*index alphabétique*, la teneur du ou des *articles du code ou du texte législatif commenté* ; puis viennent les *développements* suivis d'une *bibliographie*.

Les collections du *Juris-Classeur* font l'objet de mises au courant trimestrielles : des fiches d'actualisation jaunes et roses sont placées en tête de chaque fascicule touché par l'actualité juridique et les fascicules sont refondus tous les cinq ans en moyenne. Vous pouvez vous assurer de la « fraîcheur » d'un fascicule par sa date de rédaction figurant au bas des pages.

Une cinquantaine de collections *Juris-Classeur* sont disponibles sur CD-Rom et sur internet avec des liens hypertexte vers la doctrine et la jurisprudence. Les CD-Rom sont réactualisés tous les trois mois.

Vous constatez que l'*Encyclopédie juridique* Dalloz et les *Juris-Classeurs* des Éditions Lexis Nexis offrent les mêmes facilités de recherche (avec des voies d'accès différentes par les mots ou les articles) et des présentations fort voisines. Pour tenter de les caractériser quelque peu l'une par rapport à l'autre, disons que des deux encyclopédies, c'est le *Juris-Classeur* dont l'orientation vers la pratique est la plus marquée. Mais dans l'une comme dans l'autre, il y a d'excellents articles et d'autres plus plats : tout dépend du talent de l'auteur.

CONSEILS PRATIQUES

Consulter les encyclopédies

Ne négligez pas les services que peuvent vous rendre ces répertoires ; n'oubliez pas leur existence ! Vous les trouverez dans toutes les bibliothèques et salles de travail. Ils peuvent vous être utiles dans quatre cas notamment :

• pour **prendre connaissance d'une question** sur laquelle vous n'avez pas de note de cours, qui ne figure pas dans votre manuel ou que vous n'avez pas comprise parce qu'elle vous a été exposée de manière plus savante que pédagogique ;

• pour trouver une moisson de **références** lorsque vous devez faire une étude approfondie ;

• pour trouver des **exemples de plans détaillés** ;

• pour trouver une réponse, une *solution* précise à un cas qui vous est soumis.

D. Les monographies, les thèses et les mélanges

Nous nous contenterons de définir ces genres d'ouvrages car, normalement, vous n'avez pas encore à les utiliser au niveau de la licence. Ou alors on vous distribuera dans vos documents de TD les deux ou trois pages qui peuvent vous être utiles.

1. La monographie

C'est un ouvrage portant sur une question, une matière très précise (*mono*, en grec, signifie *un*).

Par exemple :
Un ouvrage sur le contentieux administratif, sur le divorce ou sur la copropriété.

2. La thèse

Elle constitue souvent une monographie, mais certaines sont au contraire des ouvrages de synthèse. Les thèses publiées sont des œuvres de recherche juridique approfondie, écrites en vue de l'obtention du doctorat. La documentation, la réflexion, l'approfondissement qu'elles contiennent les rendent à la fois précieuses et difficiles. On y trouve parfois des théories originales, que vos professeurs vous mentionneront et vous expliqueront. Ceux d'entre vous qui se sentent une vocation universitaire peuvent consulter des thèses à la bibliothèque. Elles sont publiées par la LGDJ, les Presses universitaires d'Aix-Marseille, Dalloz et Economica, notamment.

3. Les mélanges

Ils contiennent, comme leur nom l'indique, divers articles écrits par divers auteurs sur des sujets divers. Ce qui en fait l'unité, c'est l'intention des auteurs : ils ont écrit ces études, en général d'un haut niveau doctrinal, en l'honneur d'un de leurs maîtres, et pour les lui offrir, selon une tradition de l'Université.

Par exemple :
Les *Mélanges Roubier*, les *Études offertes à Jacques Flour*, les *Études offertes à Pierre Catala*, les *Études offertes à Jacques Ghestin*.

E. Les revues juridiques

Le droit (comme la littérature, l'informatique ou le rock) a sa presse spécialisée. Cette presse, comme les autres, a pour mission à la fois d'*informer sur l'actualité*, et de *constituer un vivier de documentation* où puiser lors de recherches.

Les publications sont extrêmement nombreuses et variées : on distingue d'abord des publications officielles, comme le *Journal officiel* ou les *Bulletins de la Cour de cassation*, et une infinie variété de publications d'origine privée ; parmi ces dernières, il existe des revues de droit général, comme le *Recueil* Dalloz, la *Semaine juridique* ou la *Gazette du Palais*, et une multitude de revues spécialisées dont quelques-unes doivent être connues des étudiants et que nous vous présenterons parce que vous les trouverez fréquemment citées.

1. Le *Journal officiel*

Il apporte une information officielle au public, sur la quasi-totalité de la législation française. Vous devez d'ailleurs savoir qu'un texte légal n'est applicable qu'après sa publication au *Journal officiel*.

L'*Édition des lois et décrets*, quotidienne, est divisée en plusieurs parties qui sont fonction de l'actualité législative et réglementaire :

> **Par exemple :**
> Les lois. – Les décrets, arrêtés et circulaires (textes généraux, mesures nominatives, conventions collectives). – Les décisions de certaines autorités administratives (Conseil supérieur de l'audiovisuel, Autorité des marchés financiers, etc.). – Les informations parlementaires, etc.

Vous ne pourrez être amené à consulter le *Journal officiel* que si vous avez besoin de prendre connaissance d'un texte de loi *immédiatement après sa parution*. Car dans les semaines qui suivent, la plupart des textes sont publiés dans des revues de droit général, d'un accès plus facile.

L'édition quotidienne du *Journal officiel* est disponible depuis quelques années sur le site internet « Legifrance » – site gratuit du service public de la diffusion du droit (v. *infra*). Mais depuis le 2 juin 2004, l'édition électronique du *Journal officiel*, diffusée via le site www.journal-officiel.gouv.fr a le même caractère d'authenticité que l'édition papier. Sa mise à disposition est gratuite. Il est aussi prévu qu'une publication par voie électronique suffise seule à provoquer l'entrée en vigueur de certaines catégories d'actes administratifs. Toutefois, certains actes individuels comportant des éléments nominatifs, tels les décrets portant changement de nom, ne sont publiés que sur papier.

2. Les *Bulletins de la Cour de cassation*

Il en existe deux : le **Bulletin civil** et le **Bulletin criminel**. Ce sont les organes officiels de la Cour de cassation, où sont publiés les arrêts auxquels la Cour de cassation entend donner une certaine audience, le reste étant considéré comme d'un moindre intérêt jurisprudentiel (il arrive, toutefois, que des revues privées publient certains de ces arrêts « éliminés ») ; ils sont aussi diffusés sur « Legifrance ».

Les *Bulletins* sont *mensuels*. Les arrêts y paraissent dans un délai de quatre à cinq mois (en mai, par exemple, on reçoit le numéro de janvier précédent, qui contient, rangés par ordre chronologique, les arrêts rendus en janvier). Sur « Legifrance », les arrêts sont diffusés dans un délai plus rapide.

Les arrêts sont toujours publiés dans leur texte *intégral*, mais *sans note ou observation* (v. *supra*, la reproduction d'un arrêt au *Bulletin civil*). Le choix des abstracts (mots-clés), les sommaires des arrêts, ainsi que les brèves références jurisprudentielles sont remarquablement bien faits par le service de documentation et d'études de la Cour de cassation (fichier central).

– Le *Bulletin criminel* ne publie que les arrêts rendus par la Chambre criminelle, en matière pénale. Il est d'un format assez petit.

– Le *Bulletin civil*, dont le format est nettement plus grand, reproduit les arrêts rendus par les cinq autres chambres. Il est donc divisé en *cinq parties*. D'abord, hors classement, les décisions de l'**Assemblée plénière**, d'une **Chambre mixte**, les **avis** de la Cour de cassation, les **ordonnances** du premier Président, les arrêts du **Tribunal des conflits**.

Puis, I. **Première chambre civile** – II. **Deuxième chambre civile** – III. **Troisième chambre civile** – IV. **Chambre commerciale et financière** – V. **Chambre sociale**.

À l'intérieur de chaque partie, les arrêts du mois sont classés par ordre chronologique.

Les références aux *Bulletins* ne mentionnent donc ni le mois, ni même l'année, puisque ce sont automatiquement ceux où l'arrêt a été rendu.

Par exemple :
« Cass. civ. 2e, 15 janv. 2004, *Bull. civ.* II, n° 6 » se décode ainsi : « arrêt de la 2e chambre civile de la Cour de cassation du 15 janvier 2004, *Bulletin de la Cour de cassation* (sous-entendue année 2004, mois de janvier), 2e partie, n° 6 ».
Inversement, si l'on veut citer un arrêt de la chambre sociale de la Cour de cassation du 1er février 2001, paru au *Bulletin* (évidemment de l'année 2001, numéro de février) dans la 5e partie, n° 37, on pourra inscrire :
« Cass. soc. 1er févr. 2001, *Bull. civ.* V, n° 37 » ou, selon la norme officielle, « Soc. 1er févr. 2001, *Bull.* V, n° 37 ».
Les arrêts publiés aux *Bulletins* peuvent être consultés gratuitement sur le site www.legifrance.gouv.fr.

❑ *Les Tables des Bulletins*

Elles sont extrêmement commodes et détaillées. Un index alphabétique figure au début de chaque numéro, et un numéro récapitulant toutes les tables avec une liste des rubriques clôt chaque année. Comme dans les autres revues, chaque arrêt apparaît plusieurs fois dans les tables : il figure sous chacun des mots-clés inscrits en tête de la décision. On peut donc le trouver à partir de la matière principale qu'il concerne (propriété, mariage, contrats et obligations), mais aussi à partir de notions qui y apparaissent de façon plus ou moins accessoire (voir ex. p. 28).

Des indications très complètes sont fournies sur chaque décision (rejet ou cassation, mention de quelques mots résumant fort adroitement l'essentiel de l'arrêt).

CONSEILS PRATIQUES

Avantages et inconvénients des *Bulletins de la Cour de cassation*

Les *Bulletins de la Cour de cassation* présentent pour vous les avantages suivants :
- des arrêts présentés de manière plus lisible et plus aérée que dans les autres revues ;
- des tables très faciles d'accès ;
- des renvois, sous certaines décisions, à d'autres arrêts rendus dans le même domaine ;
- une grande facilité de recherche : dès qu'on a la date d'un arrêt on le trouve instantanément dans le *Bulletin* de l'année et du mois correspondant.

Ils présentent cependant un inconvénient : les arrêts ne sont pas annotés, ils sont présentés sans les commentaires qui rendent précieuses les revues privées.

3. Le *Dalloz*

Il existait à l'origine deux revues distinctes : le *Dalloz* et le *Sirey*, fondées toutes deux au début du XIXe siècle, et qui ont fusionné en 1965. Le *Recueil Dalloz* est une revue privée, de droit général, à parution hebdomadaire. Après une période, d'octobre 1999 à 2006, où chaque numéro comportait un cahier « généraliste » (rouge) et un cahier « droit des affaires » (bleu), le *Recueil Dalloz* a retrouvé son unité depuis 2007, moyennant une réorganisation de l'information selon deux grandes parties.

I. Partie « Actualités »

Cette partie, qui s'ouvre sur un éditorial, suivi d'un sommaire récapitulant le contenu du numéro, se décompose elle-même en trois sous-parties. Elle est rédigée par la rédaction des Éditions Dalloz.

Actualité législative : ces pages présentent aussi bien les textes (lois, décrets, arrêtés) publiés au *Journal officiel* que les lois en cours d'élaboration ou de discussion parlementaire. L'information porte aussi sur d'autres sources du droit, moins normatives : circulaires, réponses ministérielles, rapports, etc. Chaque semaine sont récapitulés les principaux textes parus au *Journal officiel français* (*JO*) et au *Journal officiel de l'Union européenne* (*JOUE*).

Actualité générale : sont ici regroupées aussi bien des annonces de colloques, conférences, formations professionnelles, que des informations relatives à des diplômes universitaires ou encore à de nouvelles parutions d'ouvrages.

Actualité jurisprudentielle : c'est l'essentiel de cette partie. Après un « arrêt de la semaine », décision de principe, reproduite intégralement et commentée, sur une quinzaine de pages, ordonnées selon un classement par rubriques, sont résumées les principales décisions, surtout de la Cour de cassation, les plus importantes étant assorties d'observations signées de la rédaction (NDLR). L'*Actualité jurisprudentielle* (AJ) remplace, depuis 2007, les anciennes *Informations rapides* (IR).

II. Partie « Études et commentaires »

Il s'agit d'une partie consacrée à la réflexion et à l'analyse juridiques, destinées tant aux praticiens du droit qu'aux universitaires. S'y exprime, en somme, la « doctrine ».

Point de vue : un auteur délivre sa vision d'une question juridique.

Chroniques : ce sont des articles de fond (un auteur commente une nouvelle loi, fait le point sur une évolution jurisprudentielle, étudie une difficulté pratique...).

Panorama : depuis 2005, le *Panorama* a pris la place des *Sommaires commentés*. Un auteur spécialisé y présente synthétiquement les évolutions, aussi bien législatives que jurisprudentielles, qu'une matière a connues sur une période (généralement annuelle, parfois semestrielle).

Notes : ce sont des commentaires de décisions marquantes (reproduites intégralement).
Entretien : chaque semaine, le *Recueil* interroge une personnalité juridique.

III. Les « Dossiers »

Depuis 2006, plusieurs fois dans l'année, le *Recueil* publie des dossiers thématiques regroupant plusieurs articles sur un même sujet d'actualité, le plus souvent une réforme récente.

On peut faire relier les cahiers d'une année en un gros volume : c'est sous cette forme de volumes annuels que vous trouverez le *Recueil* Dalloz (et le *Sirey* jusqu'en 1964) dans les bibliothèques. Avant 2001, les cahiers n'étaient pas simplement mis à la suite les uns des autres, mais les couvertures étaient supprimées et les grandes parties reconstituées dans leur ensemble. Aujourd'hui, la pagination est continue, unique et les revues hebdomadaires se suivent chronologiquement à l'intérieur du volume annuel, le *Cahier de droit des affaires* faisant immédiatement suite, pour chaque numéro, au cahier rouge général.

Dans les **références** : *D.* signifie *Recueil* Dalloz et *S.* signifie *Recueil* Sirey (pour les années 1930 à 1950 environ, vous trouverez *DH* pour Dalloz hebdomadaire ou *DP* pour *Dalloz périodique*).

Si la référence d'un arrêt comporte seulement l'année et la page du *Dalloz* (ou du *Sirey*), il s'agit d'un arrêt rapporté intégralement dans la partie jurisprudence. Si un arrêt est rapporté à l'actualité jurisprudentielle, on trouve AJ, ou aux sommaires commentés, on a : somm. Les chroniques sont indiquées Ch. ou chron. ou I (1re partie).

Par exemple :
« Cass. civ. 1re, 3 déc. 1996, *D.* 1997.151, rapp. Y. Chartier, note Y. Serra » se décode ainsi : « arrêt de la 1re chambre civile de la Cour de cassation, *Recueil* Dalloz, année 1997 (2e partie, jurisprudence, l'arrêt est reproduit intégralement), p. 151, avec le rapport de Y. Chartier (le conseiller rapporteur) et une note de Y. Serra ».
« CEDH 26 mars 1996, *D.* 1997. somm. 207, obs. J.-F. Renucci » se décode ainsi : « arrêt de la Cour européenne des droits de l'homme du 26 mars 1996, *Recueil* Dalloz, année 1997, sommaire p. 207 » (l'arrêt n'est pas reproduit, mais brièvement commenté), observations de J.-F. Renucci.

Toutefois, depuis 2001, en raison du changement de présentation du *Recueil* Dalloz, il est fréquent que les références soient faites par un simple renvoi au Dalloz et à la page, quelle que soit la partie :

Par exemple :
Cass. civ. 2e, 9 oct. 2003, D. 2003, p. 590.

Le *Recueil* Dalloz est disponible sur un CD-Rom reprenant tout le contenu de la *Revue* depuis 1990.

❏ **Les Tables du *Dalloz***

Elles sont assez nombreuses et diversifiées pour permettre toutes sortes d'accès :
– *Table alphabétique des décisions de jurisprudence* publiées dans le *Dalloz* de l'année (et non rendues dans l'année, c'est là la différence avec les tables des *Bulletins de la Cour de cassation* ou du *Recueil Lebon*). Les décisions publiées du *Dalloz* peuvent avoir été rendues au cours des deux années précédentes. L'ordre alphabétique est celui des mots clés ;
– *Table alphabétique des panoramas, par matières* ;
– *Table chronologique des décisions de jurisprudence* publiées dans l'année, classées d'après les dates où elles ont été rendues : on y cherche une décision dont on connaît la date et l'on voit si elle a été publiée au *Dalloz* et si elle l'a été intégralement ou non (attention, en raison des délais de publication, il faut chercher dans les deux ou trois années suivant la date de la décision).
– *Table alphabétique par noms des parties* ;
– *Index alphabétique par nom des auteurs* des chroniques, notes signées, conclusions, panoramas et actualité jurisprudentielle, etc. ;
– *Index alphabétique par matières* avec des mots clés des chroniques, notes signées, conclusions, sommaires commentés, etc. ;

4. La *Semaine juridique* ou *Juris-classeur périodique*

C'est aussi une *revue privée et hebdomadaire de droit général*. Elle est publiée par les éditions du Juris-classeur – Lexis Nexis.

La présentation de la *Semaine juridique* est très voisine de celle du *Dalloz*. Les quatre parties sont intitulées :
I. Doctrine
II. Jurisprudence (décisions reproduites intégralement et suivies de notes)
III. Textes
IV. Sommaires : on y retrouve principalement des « tableaux de jurisprudence », c'est-à-dire des sommaires résumant tantôt des arrêts de la Cour de cassation, tantôt des décisions des cours et tribunaux.

Au tout début les numéros comportent des pages d'actualité intéressantes.

Il existe une édition générale et trois autres éditions plus spécialisées (administrations et collectivités territoriales, entreprise et affaires, notariale et immobilière).

Les *Cahiers hebdomadaires* se relient en un volume annuel.

Les arrêts importants paraissent souvent dans les deux revues concurrentes, le *Dalloz* et la *Semaine juridique*. Mais ils ne sont pas commentés par les mêmes auteurs, et il peut être intéressant de comparer les opinions soutenues dans les notes du *Dalloz* et de la *Semaine juridique*.

Dans les **références**, *JCP* signifie *Juris-Classeur périodique*. *JCP* G est l'abréviation de l'édition générale de la *Semaine juridique*.

Dans la *Semaine juridique*, édition générale, les rubriques sont désignées par leur numéro d'ordre et non par celui de la page. Comme au *Dalloz*, si la référence comporte seulement l'année et le numéro sans indication de partie, il s'agit d'un arrêt reproduit intégralement dans la partie jurisprudence.

Par exemple :
« CE 9 déc. 2003, *JCP* G 2004. II. 10076, note X. Prétot » se décode ainsi : « arrêt de Conseil d'État du 9 décembre 2003, *Semaine juridique*, édition générale, année 2004, 2ᵉ partie, n° 10076, avec une note signée Xavier Prétot ».

« CA Versailles, 24ᵉ ch., 4 sept. 2003, *JCP* G 2004. II. 10007, note M. Menjucq » se décode ainsi : « arrêt de la 24ᵉ chambre de la cour d'appel de Versailles rendu le 4 septembre 2003 publié à la *Semaine juridique*, édition générale, année 2004 (2ᵉ partie, jurisprudence), n° 10007, avec une note signée Michel Menjucq ».

❑ **Les Tables de la *Semaine juridique***

– Table alphabétique par *noms des auteurs* ;
– Table de la *doctrine par matières* ;
– Table *alphabétique par matière de la jurisprudence, de la doctrine et des textes* ;
– Table *chronologique de la jurisprudence* ;
– Table *chronologique des textes*.

Les différentes éditions de la *Semaine juridique* sont disponibles dans des CD-Rom réunissant les sept dernières années de publication et complétés deux fois par an, ainsi que sur internet.

5. La *Gazette du Palais*

Comme les précédentes, c'est une revue de droit général et d'origine privée. Elle paraît trois fois par semaine sous la forme d'un journal, et tous les deux mois l'abonné reçoit un volume bleu, broché, seul destiné à être conservé puisque son contenu reprend celui des journaux (excepté des actualités et des variétés qu'il est sans intérêt de garder). Le broché ne comporte pas la même pagination que le journal tri-hebdomadaire, dont la numérotation des pages est reconduite à zéro à chacune de ses parutions. Ceci explique que les indications des références varient selon que l'auteur cite l'arrêt tel qu'il figure dans le broché ou tel figure dans l'exemplaire du journal qu'il vient de recevoir.

La *Gazette du Palais* s'adressant d'abord au monde judiciaire, est plus orientée vers la pratique et vers l'information d'actualité que le *Dalloz* ou la *Semaine juridique*. Mais, comme eux, elle comporte de la jurisprudence reproduite intégralement et annotée, des « panoramas » (sommaires commentés de jurisprudence classés par matières), de la législation, et enfin des chroniques.

Dans les **références** : *Gazette du Palais* s'abrège en *Gaz. Pal.* ou *GP*.

Par exemple :
« Cass. civ. 1re, 6 février 2007, *de Panafieu*, *Bull. civ.* I, à paraître, *Gaz. Pal.* 16-17 mai 2007, p. 10, note J. Massip » se décode : « arrêt de la première chambre de la Cour de cassation, rendu le 6 février 2007, dont le demandeur au pourvoi s'appelle *de Panafieu*, devant être prochainement publié dans la première partie du *Bulletin civil* de la Cour de cassation et dont une note, écrite par J. Massip, est publiée dans le numéro des 16 et 17 mai 2007 de la *Gazette du Palais*, à la page 10 ».

❑ Les Tables de la *Gazette du Palais*

Elles constituent un extraordinaire instrument de recherche, car cette revue a eu l'excellente initiative d'inclure dans ses tables la documentation publiée par une trentaine d'autres revues juridiques, soit ses concurrentes comme le *Dalloz* ou la *Semaine juridique*, soit des revues spécialisées, soit même les *Bulletins de la Cour de cassation*.

Ces tables paraissent d'abord tous les six mois. Jusqu'en 1994, elles paraissaient ensuite tous les trois ans et regroupaient et reprenaient le contenu des tables semestrielles. Depuis cette date, elles paraissent annuellement sous l'intitulé « *Répertoire universel de la jurisprudence française* » (mais répertorient aussi la doctrine et la législation).

L'intérêt de ces tables est qu'on y trouve la documentation publiée par de nombreuses revues pendant un an et, notamment, toutes les décisions de jurisprudence parues, que ce soit intégralement ou en sommaire ou en panorama.

Et surtout, *les décisions n'y sont pas seulement citées, mais analysées* : leur contenu est clairement et précisément résumé en quelques lignes.

Par exemple :
On souhaite connaître la jurisprudence sur le droit de visite accordé à celui des parents qui n'a pas la garde de l'enfant en cas de divorce.

Dans les tables on cherche (comme dans une encyclopédie) au mot « *divorce* » ; sous ce mot, figure un index alphabétique détaillé qui renvoie aux numéros de la rubrique, puis un plan de la rubrique.

Dans cet index alphabétique, on trouve le mot « enfants », et, en-dessous, « droit de visite » avec encore toute une série de subdivisions : « aménagement » 244, 398 et s., 405 et s., « charges de l'accompagnement » 406, « grands-parents », 73, 407, etc.

Ou bien, dans le plan de la rubrique « *divorce* » on trouve un chapitre IV sur les « effets du divorce » et, là, une section IV sur les « effets en ce qui concerne les enfants ». Aux numéros indiqués figurent les références et le résumé de toutes les décisions publiées pendant l'année sur la question du droit de visite ou, plus précisément, de son aménagement, de sa modification...

Si l'on est particulièrement intéressé par un arrêt on en note les références et on le trouve reproduit (et parfois commenté) dans la revue où il est paru.

La *Gazette du Palais* existe aussi sous la forme d'un pack de trois CD-Rom qui contient le contenu du journal et de ses tables depuis 1980. Les mises à jour se font deux fois par an. On peut également la consulter sur internet. La consultation électronique, avec un moteur de recherche par mots clés, facilite les recherches car les tables en support papier sont d'une immense richesse, mais leur organisation complexe les rend un peu difficile à manier.

CONSEILS PRATIQUES

Faites connaissance avec les grandes revues de droit général

Dès le début de vos études, familiarisez-vous avec le *Dalloz*, la *Semaine juridique* (ou *JCP G*) et la *Gazette du Palais*. Si l'on se veut juriste, on ne peut ignorer la presse des juristes et le remarquable outil de documentation qu'elle représente. Ne remettez pas la première prise de contact direct jusqu'au jour où vous aurez une importante recherche à faire. Il faut vous habituer à feuilleter les volumes annuels ou bimensuels, les numéros hebdomadaires, les tables, pour être en pays de connaissance le jour où vous en aurez besoin.

6. Le *Recueil Lebon* ou *Recueil des arrêts du Conseil d'État*

Il est publié par les Éditions Dalloz sous le haut patronage du Conseil d'État.

Créé au début du XIXe siècle, il reproduit la jurisprudence administrative : la plupart des **arrêts du Conseil d'État**, les **arrêts du Tribunal des conflits** (depuis 1872), les arrêts importants rendus par les cours administratives d'appel (depuis 1989) et certains jugements rendus par les **tribunaux administratifs** (depuis 1955).

Les cinq numéros annuels sont divisés en plusieurs parties correspondant aux diverses juridictions administratives. Dans chaque partie, les arrêts sont classés par ordre chronologique (comme dans les *Bulletins de la Cour de cassation*).

Les décisions importantes sont publiées dans leur texte intégral, et souvent accompagnées des conclusions des commissaires du gouvernement. Les arrêts moins intéressants paraissent en sommaire dans les tables.

Dans les **références**, on inscrit : *R.* ou *Rec.*, ou *Rec. CE, Leb.* ou encore *Lebon*, pour *Recueil Lebon*, puis le numéro de la page seulement (l'année et le mois sont ceux où l'arrêt a été rendu). Le nom de la partie figure dans la référence, comme il est d'usage en droit administratif.

Par exemple :
« CE 12 avr. 2002, *Papon, Rec.* 139, concl. Boissard », se décode ainsi : « arrêt du Conseil d'État du 12 avril 2002, Papon requérant, publié au *Recueil Lebon*, année 2002, page 139, avec les conclusions du commissaire du gouvernement Boissard ».

❑ Les Tables du *Recueil*

Celles-ci constituent un excellent instrument de recherche, dont un étudiant de deuxième année doit apprendre à se servir. Elles comprennent :
– une table *analytique* (classement alphabétique par mots clés), renvoyant aux arrêts publiés et donnant en sommaire l'analyse d'arrêts moins importants qui n'ont pu être reproduits. Le choix des rubriques de classement, ainsi que la présentation adoptée font actuellement de ces tables analytiques un indispensable outil de travail. Elles sont regroupées en tables décennales ;
– une table des *dispositions réglementaires ou collectives* annulées ou déclarées illégales par le Conseil d'État dans l'année (classées par ordre chronologique) ;
– une table des *conclusions et des notes de jurisprudence* dont l'intérêt est de regrouper les références aux différentes revues : *Actualité juridique*

(droit administratif) (AJDA), *Revue du droit public et de la science politique, Dalloz, Semaine juridique, Gazette du Palais,* etc. ;
– une table alphabétique des *noms des parties*, permet facilement de retrouver les arrêts dans le recueil (puisque ces noms figurent dans les références).

Notez que dans un ouvrage intitulé « **Les grands arrêts de la jurisprudence administrative** » se trouvent réunis les arrêts les plus importants du droit administratif. Ce recueil, publié chez Dalloz par M. Long, P. Weil, G. Braibant, P. Delvolvé et B. Genevois, est constamment tenu à jour. Le choix remarquable des arrêts, la qualité des commentaires qui les accompagnent font de cet ouvrage un instrument de travail particulièrement commode et précieux pour les étudiants.

7. La *Revue trimestrielle de droit civil*

C'est une revue spécialisée, de haut niveau scientifique, faite par des universitaires pour les universitaires et quelques autres bons juristes intéressés par la **doctrine**.

Dans chacun des quatre numéros de l'année, on trouve :
– des études doctrinales approfondies ;
– des *observations sur la jurisprudence récente* en matière de droit civil et de droit judiciaire privé. La chronique, dans chaque matière (« personnes et droit de la famille », « obligations et contrats spéciaux », « propriété et droits réels », « successions et libéralités », etc.) est tenue au fil des numéros par un professeur spécialiste qui s'attache à donner, en quelque sorte, l'**avis de la doctrine sur la jurisprudence** (les arrêts commentés ne sont pas reproduits) ;
– un panorama de la législation commentée par des professeurs ;
– une bibliographie des ouvrages, thèses et articles récemment publiés dans les diverses matières juridiques.

Dans les **références**, *Revue trimestrielle de droit civil* s'abrège en *Rev. trim. dr. civ.* ou *RTD civ.*

Un CD-Rom de la revue regroupe tous les articles parus depuis 1990.

8. La *Revue du droit public et de la science politique*

Elle se situe au même niveau scientifique que la précédente, mais donne une plus large place à la **publication de la jurisprudence**.

Dans les six numéros de l'année, on trouve les arrêts les plus importants du Conseil d'État, avec des notes de doctrine, et de nombreuses conclusions de commissaires du gouvernement ainsi que des chroniques de jurisprudence administrative, constitutionnelle, communautaire tenues par des professeurs de droit.

Dans les **références**, son titre s'abrège en *RDP*.

Par exemple :
« CE 27 oct. 1999, *Rolin*, *RDP* 2000, p. 269, note Eckert ».

Pour étudier une question de manière un peu approfondie, en vue d'un devoir ou d'un exposé, vous pouvez être amené à consulter ces revues. Une étude de jurisprudence ou un commentaire d'arrêt en particulier, seront singulièrement enrichis si vous avez la chance de trouver des observations à la *Revue trimestrielle de droit civil*, une note ou des conclusions à la *Revue du droit public*.

La ***Revue de science criminelle et de droit pénal comparé***,
la ***Revue trimestrielle de droit commercial et de droit économique***,
la ***Revue trimestrielle de droit européen***, etc.,
présentent le même caractère scientifique, et un contenu doctrinal substantiel, œuvres d'auteurs éminents.

9. L'*Actualité juridique Droit administratif*

C'est une revue hebdomadaire spécialisée, particulièrement précieuse pour les **publicistes** (spécialistes du droit public). Elle publie dans un délai rapide les arrêts du Conseil d'État, du Tribunal des conflits, ainsi que les arrêts des cours administratives d'appel et jugements des tribunaux administratifs présentant quelque intérêt. Ces décisions sont annotées.

Ses études doctrinales et ses chroniques de jurisprudence méritent une attention spéciale et constituent un instrument de travail et de réflexion de tout premier ordre.

Cette revue rend également compte, dans une rubrique intitulée « *Au fil de la semaine* », de la toute dernière actualité juridique administrative, législative et politique et consacre des « dossiers » à certains sujets particulièrement intéressants.

Dans les **références**, son titre s'abrège en *AJ* ou *AJDA*.

L'*Actualité juridique Droit administratif* peut être consultée sur CD-Rom ou internet depuis l'année 1990.

10. Le *Répertoire du notariat Defrénois*

C'est une revue bimensuelle qui peut être citée comme exemple d'une revue spécialisée et même professionnelle d'un excellent niveau. Destinée aux « **privatistes** » (spécialistes du droit privé) et plus particulièrement aux spécialistes du **droit notarial** (matières relevant de la compétence des notaires), cette revue publie, elle aussi, de la doctrine, de la jurisprudence commentée, des chroniques de jurisprudence tenues par des professeurs, de la législation et, enfin, des questions pratiques destinées au notariat. La remarquable qualité des travaux et articles qui y paraissent fait que vous trouverez cette revue souvent citée en droit civil, en droit des affaires (et en droit fiscal quand vous en ferez).

Dans les **références**, son titre s'abrège en *Rép. not.* ou *Rép. Defrénois* ou simplement *Defrénois*.

Le *Répertoire du notariat Defrénois* existe aussi en version CD-Rom depuis 1990.

11. *Les Petites Affiches*

C'est le quotidien du droit où l'on trouve chaque jour l'actualité législative et jurisprudentielle, des notes d'arrêt et des articles de doctrine, ainsi que des annonces judiciaires et légales. De fréquents numéros spéciaux traitent de manière approfondie un thème particulier.

Dans les **références**, son titre est reproduit intégralement ou s'abrège en *Petites Affiches, Pet. aff., LPA*, ou encore *PA*.

Un CD-Rom des *Petites Affiches* offre un accès à l'ensemble du fonds du journal publié depuis 1994. Ce quotidien est également disponible sur Internet.

F. La documentation électronique

Elle est devenue en quelques années un outil indispensable pour la consultation de données juridiques. Il n'existe plus aujourd'hui de codes, de revues, d'encyclopédies qui ne soient également diffusés sur CD-Rom ou internet. On y retrouve, enrichis, les contenus jurisprudentiels, législatifs et doctrinaux proposés par le papier. En effet, les différents éditeurs rivalisent d'ingéniosité pour proposer des fonctionnalités nouvelles et plus performantes et des interfaces attrayantes. En outre, ces nouveaux supports permettent, grâce aux liens hypertexte, de renvoyer instantanément à la jurisprudence, la législation, et parfois même aux articles et commentaires de doctrine cités dans le document consulté.

Toutefois, la multiplication exponentielle des produits d'information juridique sur ces nouveaux supports ne doit égarer l'étudiant, dans la mesure où leur utilisation implique d'avoir déjà posé et cerné la question de droit que l'on cherche à approfondir. Le risque est grand, à l'issue d'une consultation sur CD-Rom ou internet, de se retrouver noyé sous une masse d'information, de perdre le fil de la recherche et de ne plus parvenir à sélectionner l'essentiel (v. *infra*, Conseils pratiques).

1. Les CD-Rom

La plupart des CD-Rom proposés à la vente le sont par des éditeurs privés. Un abonnement permet des mises à jour semestrielles, trimestrielles ou mensuelles.

Ils peuvent être *consultés gratuitement dans les bibliothèques universitaires*, dont certaines proposent une large gamme.

Presque tous les éditeurs de documentation juridique proposent une version CD-Rom des ouvrages qu'ils publient. En voici une liste non exhaustive :
– certains codes usuels, par exemple, l'*Intégral des codes* des éditions Lexis Nexis ;
– les encyclopédies juridiques : les *Répertoires* Dalloz et les *Juris-Classeurs* des éditions Lexis Nexis regroupent l'intégralité d'une collection comprenant de nombreux volumes papier sur un CD-Rom unique ;
– les ouvrages Lamy : le CD-Rom est compris dans l'abonnement papier ;
– les revues : la plupart des grandes revues dont la périodicité est fréquente (bi-mensuelles, hebdomadaires, tri-hebdomadaires) regroupent sur CD-Rom jusqu'à 10 ou 20 années d'archives : c'est le cas, par exemple, du *Dalloz*, de l'*AJDA*, de trois éditions de la *Semaine juridique*, de *La Gazette du Palais*, du *Répertoire du notariat Defrénois*, des *Petites Affiches* ;
– les textes législatifs et réglementaires : les éditions du *Journal officiel* proposent un coffret de CD-Rom réunissant « *50 ans de Journal officiel* », couvrant une période allant de 1947 à l'année en cours ;

La **jurisprudence** : il existe les deux coffrets *Juridisques Cassation* et *Conseil d'État* des éditions Lamy. Sont réunies dans le coffret *Juridisques Cassation* les décisions publiées et non publiées rendues par la Cour de cassation depuis 1984 ; s'agissant du *Juridisques Conseil d'État*, l'antériorité des décisions remonte à 1980, y compris les arrêts des cours administratives d'appel depuis leur création.

La **doctrine** : *Le Doctrinal* des éditions Transactive est un CD-Rom à mise à jour mensuelle. Il regroupe plus de 111 000 références bibliographiques d'articles de doctrines, notes et observations de jurisprudence parus dans plus de 200 revues, parmi les plus prestigieuses. Il s'avère être un outil très utile qui vient concurrencer les tables de la *Gazette du Palais*.

Les modes d'interrogation et les moteurs de recherche diffèrent suivant le contenu du CD-Rom. Il est difficile d'en faire une synthèse. Mais la quasi-totalité des CD-Rom proposent un double type de recherche :
– une recherche *simple « multicritères »,*
– une recherche *experte ou avancée* qui permet d'*affiner* le résultat escompté en proposant des critères ou des champs tels :
– la date de la décision,
– le numéro de requête, de décision ou de pourvoi,
– le nom des parties,
– le numéro du texte législatif ou réglementaire ou son numéro NOR ;
– des mots clés avec possibilité de conjonction, d'exclusion et de proximité.

S'agissant des CD-Rom qui reproduisent des ouvrages, tels les encyclopédies juridiques ou les ouvrages Lamy, la présentation reproduit, en outre, le plan du papier : sommaire, index, table des rubriques ou fascicules.

2. Internet

Les sites officiels : ils sont mis en ligne *gratuitement* par les organes publics et permettent de se procurer l'ensemble de la législation, de la réglementation et de la jurisprudence françaises sans commentaire d'auteur.

Le plus connu et utilisé est le site du service public de la diffusion du droit « Legifrance » : **www.legifrance.gouv.fr**

On peut y consulter le *Journal officiel* depuis 1990, les textes législatifs et réglementaires consolidés (c'est-à-dire à jour de leurs modifications), les codes officiels et les conventions collectives.

S'y trouvent également reproduites les décisions rendues par le Conseil constitutionnel et les juridictions administratives et judiciaires.

Le site « Legifrance » renvoie également vers d'autres sites officiels gratuits, comme celui de la Cour de cassation (**www.courdecassation.fr**), du Conseil d'État (**www.conseil-etat.fr**), du Conseil constitutionnel (**www.conseil-constitutionnel.fr**) ou encore ceux de la Cour de justice des Communautés européennes (**http://curia.eu.int/fr**) et de la Cour européenne des droits de l'homme (**http://www.echr.coe.int**), etc.

Les **sites professionnels** : ils sont mis en ligne par les professionnels du droit et de l'édition en général. S'agissant des sites des maisons d'éditions, leur page d'accueil permet d'accéder gratuitement à certaines informations, telles que la dernière actualité législative et jurisprudentielle présentée sous forme de brèves ou dépêches et classée par matière, le *Journal officiel* du jour, de même que des informations sur les colloques et manifestations à venir ou les nouveaux indices et taux.

Quant au contenu proprement dit de leur base, il regroupe le plus souvent l'essentiel de leurs produits existant sur support papier et CD-Rom (encyclopédies, revues, jurisprudence, législation, etc.). L'accès est alors *payant* et nécessite un code d'abonné et un mot de passe. Certaines bibliothèques universitaires sont abonnées à ces sites.

Parmi les sites des éditeurs juridiques, on peut citer :
Le site Dalloz : **www.dalloz.fr**.
Lancé en mai 2006, Dalloz.fr est le site documentation juridique des Éditions Dalloz.

Six bases matières sont disponibles : droit civil, droit des affaires, droit du travail, droit immobilier, droit pénal, droit administratif.

Les Codes, l'Encyclopédie et les archives des revues Dalloz depuis 1990 assurent une couverture riche et complète de chaque matière de ses fondements aux applications les plus actuelles.

À travers *Dalloz actualité*, le quotidien d'actualité juridique disponible sur Dalloz.fr, les faits marquants de l'actualité juridique (nouveautés législatives et réglementaires, travaux parlementaires, dernières décisions jurisprudentielles) sont commentés par une rédaction spécialisée. Chaque brève d'actualité est accompagnée du texte intégral des éléments présentés.

Afin de permettre une navigation rapide et efficace, les modes de recherche sont simples. Grâce aux liens hypertextes qui donnent un accès immédiat aux documents cités vers la jurisprudence en texte intégral, vers la doctrine publiée dans les revues, entre les articles d'un même code et vers les textes non codifiés, le parcours de recherche est complet.

Le site Juris-Classeur – Lexis Nexis : **www.lexisnexis.fr**.
Le site « Lamylinereflex » : **www.lamylinereflex.fr** qui dispose d'un fonds jurisprudentiel très important (tous les arrêts de la Cour de cassation et du Conseil d'État publiés et non publiés à compter des années soixante, le *Journal officiel* depuis 1955, ainsi que les ouvrages Lamy) ;

Le site Doctrinal et Doctrinal plus de Transactive :
www.doctrinal.fr.

Les moteurs de recherches proposés par ces éditeurs sont à peu près les mêmes que ceux existant dans les CD-Rom qu'ils diffusent, et il arrive parfois que les interfaces soient semblables (v. *supra*).

CONSEILS PRATIQUES

La difficile hiérarchisation de l'information

La recherche électronique vous permet de trouvez des références de manière transversale parmi des milliers de sources, un peu comme si vous pouviez consulter l'index de 10 000 livres reliés ! Mais vous aurez du mal à hiérarchiser l'information reçue (tous les arrêts n'ont pas la même portée ; un article de doctrine n'équivaut pas au texte de la loi, etc.). Lorsque vous cherchez des informations sur un thème, il vous faut, plus qu'à l'occasion de recherches « sur papier », procéder de manière très ordonnée :

1. vous reporter, systématiquement, à la lettre de la loi et vérifier qu'elle n'a pas été modifiée ou abrogée (utiliser www.legifrance.gouv.fr ou www.journal-officiel.gouv.fr.

2. chercher la jurisprudence contenue dans vos traités et manuels *papiers* et vérifier qu'elle n'a pas connu de revirements en restreignant votre recherche à la période postérieure aux décisions que vous aurez trouvées (cf. la recherche avancée, *infra*) ;

3. chercher la jurisprudence par mots-clés, en *hiérarchisant* les décisions rendues par les plus hautes formations (une décision d'assemblée du Conseil d'Etat a plus d'autorité qu'une simple décision de sous-section, de même qu'un arrêt de la Cour de cassation au regard d'un jugement d'un tribunal de commerce) ;

4. chercher la doctrine sur CD-Rom ou sur un des sites juridiques précédemment évoqués ;

5. ce n'est qu'en cas d'insuccès – ce qui est fort peu probable – que vous pourrez tenter de rechercher des mots depuis google ou wikipédia, sources auxquelles vous n'accorderez qu'un crédit mineur.

Prenez garde à ne pas procéder de manière inversée: vous risqueriez dans le moindre des cas de perdre beaucoup de temps, dans le pire des cas de commettre d'importantes erreurs.

La recherche « avancée »

La recherche électronique, bien que plus ludique, présente un risque : obtenir une avalanche de réponses impossibles à exploiter si votre recherche n'est pas « *avancée* », *c'est-à-dire assez affinée*. Lors d'une recherche par mots clés, vous devez être capable de *cibler la question*, ce qui implique d'avoir déjà étudié la matière en relisant votre cours ou un manuel. vous risquez.

Par exemple : Vous souhaitez faire une recherche de jurisprudence et trouver des arrêts rendus par la Cour de cassation sur la « réticence dolosive ». Vous vous connectez sur le site Legifrance. Si vous vous contentez d'entrer dans le champ proposé le mot « dol », le programme vous proposera 3 258 documents en réponse et vous demandera d'affiner votre recherche ; en revanche, si vous entrez les expressions « réticence dolosive » et « silence » (parce que vous aurez appris, en lisant votre cours, que le silence d'un contractant peut, dans certains cas, être constitutif d'un dol) et si vous circonscrivez votre recherche à partir de 2006 (car vous aurez déjà trouvé les décisions importantes jusqu'en 2005, contenues dans votre manuel) vous aurez réussi à obtenir seulement 12 réponses, ce qui constitue un résultat tout à fait exploitable.

Par ailleurs, si vous procédez à cette même recherche sur le site www.lexisnexis.fr, vous pourrez chercher « dol et silence et date > 31/12/2005 » ; vous obtiendrez alors 61 réponses, que vous trierez selon vos besoins.

En outre, soyez vigilants s'agissant des termes juridiques qui ont des *synonymes*. Tous les moteurs de recherche ne contiennent pas de programmes permettant d'élargir votre recherche à tous les synonymes du mot que vous avez entré dans le champ. Ainsi, si vous souhaitez faire une recherche sur les devoirs respectifs des époux, pensez à entrer dans le champ, non seulement le mot « époux », mais également celui de « conjoints » avec la conjonction « et ».

> Les CD-Rom et les accès internet qui vous sont proposés **dans les bibliothèques** peuvent être *consultés gratuitement*.
> Mais l'*impression* des documents (tout comme les photocopies) est payante et est parfois chère.
> La bibliothèque Cujas à Paris dispose d'un catalogue très complet recensant les ressources électroniques françaises et internationales mises à la disposition des étudiants, à jour de septembre 2007.
> Le CERDOC (Centre de recherches documentaires) de la Bibliothèque dispose d'un service de formation. Des visites gratuites de la bibliothèque sont programmées en début d'année universitaire, de même que des formations ponctuelles sur différents outils, en particulier informatiques. Plus simplement, des brochures explicatives relatives aux principaux produits électroniques sont à la disposition des étudiants.

G. Les dictionnaires, lexiques et vocabulaires juridiques

Ce sont des ouvrages destinés à donner la définition des mots ou expressions de la langue juridique. Les termes y sont rangés par ordre alphabétique et l'on y trouve leur étymologie (c'est-à-dire leurs racines), et toutes leurs significations et acceptions, qui peuvent être multiples et différentes selon les branches du droit.

Par exemple :
Action en justice, action des sociétés, faute par action.

À qui sont-ils destinés ?
Aux étudiants et au grand public. La langue juridique est difficilement accessible au profane et, pour qui veut comprendre et s'exprimer correctement, un lexique est indispensable.

> ## CONSEILS PRATIQUES
>
> **Acquérir et utiliser un lexique juridique**
>
> Reportez-vous à tout ce qui a été dit (v. *supra*) sur l'importance d'apprendre et d'employer une terminologie exacte et précise. On ne peut que réitérer le conseil d'acquérir et de consulter souvent un lexique ou vocabulaire. Il en existe plusieurs.
>
> **Par exemple :**
> *Vocabulaire juridique*, de Cornu. – *Lexique des termes juridiques*, de Vincent, Guinchard et Montagnier (ancien Guillien et Vincent). – *Lexique de politique*, de Debbasch, Bourdon, Pontier et Ricci.

H. La grande presse

Vos professeurs, et surtout les publicistes, vous recommandent, dès le début de la première année, de lire le journal et de vous tenir au courant de l'actualité politique et économique.

> ## CONSEILS PRATIQUES
>
> **Lire *Le Monde***
>
> Malheureusement l'expérience montre que ces professeurs sont peu entendus, car la lecture du *Monde* n'est pas toujours récréative. Il faut pourtant qu'un étudiant en droit prenne conscience des liens qui existent entre les matières qu'il s'efforce d'apprendre et l'actualité quotidienne, soit interne au pays, soit internationale. En lisant régulièrement le journal, vous voyez fonctionner, dans la réalité, les institutions et les mécanismes qui font l'objet de votre cours de droit constitutionnel, de votre cours sur les institutions internationales, sur les grands problèmes politiques, de votre cours d'économie politique, de finances publiques, etc.
>
> Ces matières cesseront d'être pour vous scolaires et abstraites si vous vous intéressez au débat politique, aux différentes élections, aux progrès de l'Union européenne, à l'évolution de la crise économique, au système monétaire international, aux grandes puis-

sances, etc. En même temps que vous devenez juriste, vous devez devenir un citoyen adulte, informé, capable de réfléchir à la vie nationale et internationale, et d'avoir des opinions, non plus instinctives, mais motivées.

En outre, sachez que la lecture du journal (et particulièrement du *Monde*) vous est nécessaire sur le plan purement scolaire : lors des épreuves d'examens oraux, des questions d'actualité vous seront posées : « quel est le statut des prisonniers à Guantanamo ? » ou « quels sont les objectifs des privatisations ? ». Vos professeurs veulent vérifier que vous êtes réellement entré dans des études dites « supérieures » et que vous ne vous limitez pas à un apprentissage primaire du cours. Votre intérêt est naturellement de ne pas les décevoir.

CHAPITRE 5

La dissertation juridique

Ne soyez pas l'étudiant...

- *qui se précipite sur son stylo pour écrire sans avoir réfléchi*
- *pour qui trouver un plan relève du pur hasard*
- *qui croit que le style juridique est nécessairement pompeux et obscur*
- *qui écrit douze pages sans jamais aller à la ligne.*

LES CLÉS

Savoir ce que l'on veut dire

« La plus belle fille du monde ne peut donner que ce qu'elle a »... Le meilleur étudiant ne peut exposer que des notions qu'il possède. La fameuse inhibition devant la page blanche provient toujours de ce que l'on ne sait pas encore assez clairement ce que l'on veut dire. Lorsque vous connaîtrez une question, que vous en aurez bien compris les facettes, il vous deviendra facile de l'exposer.

Avoir une pensée cohérente

Un plan n'est pas un découpage arbitraire, mais un déroulement logique de la pensée. Lorsque l'on a suffisamment réfléchi, et préparé pour avoir une vision cohérente du sujet, il devient facile de trouver un plan.

Soigner la présentation

En appliquant quelques recettes de construction, de style, de présentation, il est *à la portée de tous* de gagner quatre ou cinq points. Apprenez à mettre votre travail en valeur.

I. La préparation

Persuadez-vous de l'importance capitale de cette phase de préparation. Les dissertations manquées sont presque toujours des dissertations mal préparées. Qu'il s'agisse d'un devoir en *temps limité* (épreuve d'examen ou de contrôle continu), ou bien d'un devoir donné à l'avance et fait en *temps libre,* la préparation doit garder proportionnellement la même importance ; elle ne peut en aucun cas être sacrifiée.

Avant de se mettre à rédiger, avant même de chercher un plan, on doit d'abord :
- étudier le sens du sujet,
- faire l'inventaire de son contenu,
- laisser passer un temps de réflexion,
- prendre des décisions explicites.

A. Étudier le sens du sujet

Le sujet d'une dissertation est bref, une ligne ou deux en général. Sa signification, et celle de chacun des mots qui le compose, doivent être soigneusement soupesées.

1. Lisez le sujet

Imposez-vous plusieurs lectures articulées et concentrées, ne laissant rien passer.

Remarquez tout, chaque virgule, les singuliers ou les pluriels, les petits mots comme : *et, ou, dans, en matière de, en cas de,* etc.

Ne vous braquez pas sur un mot en négligeant l'expression entière (« *l'action en nullité* » n'est pas le même sujet que « *la nullité* »).

Des termes comme *comparer, commenter, discuter, analyser* ou *montrer* vous indiquent et vous *imposent un certain genre d'exercice.* Ils doivent se graver en vous, et vous inspirer la tournure d'esprit et le ton à garder pendant tout votre travail (nous y reviendrons, v. *infra*).

Quoi de plus irritant que de rater une dissertation parce qu'**on a mal lu le sujet !** C'est tellement fréquent, et si facilement évitable... Très souvent, en rendant à un étudiant une mauvaise dissertation, on lui fait simplement lire tout haut et très lentement le sujet ; et sans qu'il n'y ait rien à lui expliquer, il comprend d'un coup ce qu'il aurait dû faire, et en quoi il avait eu tort.

2. Recherchez son sens exact

Pour le situer, le cerner, le délimiter, votre réflexion portera sur :
- la **terminologie** : sens des mots composant le sujet ;
- le **fond** : notions, idées évoquées, questions impliquées ;
- la **place et l'importance de ces questions dans le plan** général du cours ;
- les **limites** du sujet par rapport aux notions et aux règles voisines (v. *supra*, comment concentrer son étude sur une question précise).

B. Faire l'inventaire du contenu

1. Dissertation en temps libre

Si le sujet vous est donné une ou deux semaines d'avance, étudiez la question, et approfondissez-la comme il est expliqué au chapitre 4.

Travaillez d'abord dans vos notes de cours, dans votre manuel habituel et dans vos documents de TD. Si, à ce stade, vous ne comprenez pas bien, il est inutile d'approfondir sans bases solides. Demandez des explications, consultez un autre manuel, un traité ou une encyclopédie. Vous devez maîtriser la matière.

Lisez les textes légaux applicables.

Puis progressez dans vos recherches comme il vous est expliqué p. 67 et s., sans négligence sur les points essentiels, mais sans excès de zèle non plus (une dissertation n'est pas une thèse, votre temps est précieux, vous ne sauriez pas utiliser une documentation trop abondante).

Au fur et à mesure de vos recherches, **faites l'inventaire de ce qui entre dans le sujet** : notez *de quelques mots* les grandes subdivisions, les traits caractéristiques, les opinions ou les théories marquantes, le sens de quelques arrêts importants, des exemples, quelques dates et les phases d'une évolution, etc. Ne comptez pas trop sur votre mémoire ; ne refermez jamais un document intéressant sans en avoir extrait quelque chose, ni sans en avoir noté la référence. Cette habitude vous épargnera du temps et de la fatigue (v. *supra*, comment faire quelques recherches et en garder l'inventaire).

2. Dissertation en temps limité

Le travail de préparation doit être singulièrement raccourci, mais le correcteur ne l'ignore pas et l'on ne vous demande pas la même documentation. Lors d'un examen ou d'un devoir sur table, la dissertation ne se prépare pas en étudiant les questions à traiter dans des cours ou dans des livres (vous êtes censé l'avoir déjà fait), mais en faisant un *effort de mémoire*.

❑ D'abord, votre réflexion et votre mémoire doivent vous mener à **reconnaître la question et à la situer correctement** dans l'ensemble du programme.

Jusqu'à la licence, les sujets de dissertation ne s'éloignent jamais beaucoup de la question de cours. Mais les enseignants ont parfois la malice d'en déguiser l'intitulé pour susciter un petit effort de réflexion. Ne vous laissez pas désorienter. Si vous connaissez votre programme, et surtout le plan détaillé du cours, il vous suffira d'un peu de *sang-froid* et de cinq minutes de réflexion pour reconnaître et resituer la ou les questions dont on vous demande de parler. **L'affolement et la précipitation perdent plus d'étudiants que l'ignorance.**

Mais il est certain qu'on ne peut s'orienter sans une bonne connaissance du plan et de la terminologie (v. *supra*).

❑ Ensuite, il faut chercher **à rassembler vos souvenirs sur le sujet et à en faire l'inventaire** au fur et à mesure que vous les retrouvez. Un sujet d'examen ou de devoir sur table porte nécessairement sur des questions traitées au cours (et même en TD) et qui se trouvent dans tous les manuels. Reconstituez donc l'inventaire avec les connaissances tirées du cours, de votre manuel et de vos documents de TD (arrêts, notes, explications données en séance). Vous aurez naturellement des souvenirs plus précis si vous avez fait vous-même un résumé ou des fiches sur la question. (v. *infra*, comment se remémorer une question et surmonter un trou de mémoire.)

C. Ménager un temps de réflexion

Au terme de votre étude de la question, vous devez avoir parfaitement bien compris, vous devez maîtriser la matière. C'est une condition absolument indispensable pour entreprendre de construire le plan et de rédiger : comment pourrait-on *expliquer* quelque chose que l'on ne *comprendrait* pas ?

❑ Mais **avant de commencer à bâtir**, ménagez-vous un temps de réflexion.

Relisez mot à mot le sujet, réfléchissez une fois encore à son sens et à ses limites, comparez-le avec votre inventaire.

Puis... « laissez reposer », c'est-à-dire, **laissez passer un ou deux jours**, pendant lesquels vous penserez parfois à votre dissertation, assez vaguement, sans vous contracter ni vous inquiéter. Un travail inconscient se fait pendant ce temps dans votre cerveau, et quand vous vous y remettrez pour écrire le devoir, vous serez surpris de constater que les choses se sont mises en place, que vous avez pris le *recul* nécessaire pour avoir une vue synthétique de l'ensemble, séparer l'essentiel de l'accessoire, distinguer les grandes subdivisions du sujet.

❑ **En temps limité**, aussi, respectez toujours un temps de réflexion lorsque vous avez dressé l'inventaire de vos souvenirs sur la question. Prenez **dix minutes**, dix minutes sur trois heures, *pour soupeser à nouveau chaque mot de l'énoncé et confronter le sujet avec votre inventaire.*

Car, à ce moment, *il est encore temps* de rectifier le tir, de corriger un contresens dans la compréhension du sujet, de situer plus précisément la question posée par rapport à celles qui lui sont voisines, de combler une lacune. Ne vous précipitez pas, passez en revue calmement dans votre esprit *votre plan de cours* et les *plans détaillés des questions à traiter.*

Ce temps de réflexion vous amène à la phase suivante, qui est celle des décisions à prendre.

D. Prendre des décisions explicites

Avant de construire le plan et de rédiger les développements, vous avez *deux décisions à prendre,* l'une sur le *contenu* de la dissertation, l'autre sur la *manière* de la traiter.

On passe trop souvent cette étape de décision sous silence. Elle est pourtant nécessaire. On ne peut pas faire le plan et rédiger tant que l'on reste dans le vague et le flou. Il faut prendre des décisions nettes et explicites sur le fond et sur la forme. Lorsque l'on sait *quoi dire et sur quel ton,* tout devient facile.

Ces décisions ont donc pour but d'**adapter votre inventaire de connaissances au sujet de dissertation lui-même.** Cela est nécessaire dès que le sujet ne correspond pas exactement à une question de cours. Et, même dans ce cas vous gagneriez des points à présenter la question de façon un peu personnelle (pourvu, bien entendu, que cela ne vous amène pas à la déformer complètement).

1. Première décision : choix des grands axes et des pôles d'intérêt

On résout **une question de fond**, concernant le **contenu du devoir**. Pour traiter un sujet, tous les éléments qui le composent ne sont pas à mettre sur le même plan, platement et sans fil directeur. Il est bon de découvrir des *lignes directrices* ou des *pôles d'intérêt* auxquels on pourra rattacher les divers points à développer (recensés dans l'inventaire).

❏ **Une idée générale ou un principe** peuvent servir de fil directeur à la dissertation tout entière (ou à l'une de ses parties), parce qu'ils expliquent et sous-tendent l'ensemble du sujet et de l'argumentation.

> **Par exemple :**
> des principes comme la *séparation des pouvoirs* en droit public, la *protection de la victime* en droit privé ou le *respect des droits de la défense* en droit criminel, peuvent servir d'axes autour desquels on ordonne les divers points à développer.

❏ De même, l'axe central peut être le **conflit entre deux idées, deux principes, deux règles**. Il s'agit alors soit de tenter de les *concilier*, soit de *choisir* entre eux.

❏ On peut aussi ordonner une analyse, une description, ou une comparaison autour de deux ou trois **grands traits caractéristiques** d'une notion ou d'un système.

Bien entendu, on ne vous demande pas d'inventer vous-même ces axes de pensée, ces fils directeurs, ces principes. Ils sont *classiques*, ils apparaissent partout. Dans vos cours, chez tous les auteurs, dans la jurisprudence que vous avez étudiée, ils reviennent sans cesse, en leitmotiv ou en toile de fond. Vous ne les ignorez pas, donc *pensez à les utiliser* pour donner du corps et de l'intérêt à votre dissertation, et ne pas rester au ras des détails.

❏ Dans d'autres genres de sujet, ce sont plutôt des **centres d'intérêt** qui se dégagent de l'inventaire. Il arrive en effet que la question à traiter pose un ou plusieurs **problèmes délicats**, et ce sont justement ces problèmes qui font tout l'intérêt du sujet. Ce sont eux qui ont suscité des conflits, des décisions de justice, des controverses entre auteurs d'avis différents. Comprenez que l'on vous a donné le sujet en raison de ces difficultés, de ces problèmes, de ces mécanismes délicats, *pour voir si vous les avez compris et si vous savez les réexpliquer*. Ces « nœuds » de la question méritent donc toute votre attention et pourront servir de pôles d'intérêt à votre dissertation.

2. Deuxième décision : choix d'un genre

La seconde décision porte **sur le genre d'exercice que vous allez adopter, sur « la manière de présenter la matière »**, pourrait-on dire. C'est une question de *forme* ou plus exactement de « rhétorique », puisque la rhétorique est l'art d'exposer et de convaincre.

Vous devez décider, pour votre dissertation dans son ensemble ou pour chacune des questions qui y entrent, quel *genre,* quel *ton* vous allez prendre.

Voici quelques-uns des genres possibles :

❑ La **description**, qui *expose objectivement* une *notion* juridique (comme « la loi ») avec sa définition, ses divers aspects, son rôle ; ou bien une *institution* (comme « le mariage »), avec ses conditions et ses effets ; ou encore un *principe* (comme « le principe de la légalité des peines »), avec ses fondements, son domaine d'application, parfois ses limites ou ses exceptions. C'est en général le genre des cours, des manuels, des encyclopédies.

❑ La **démonstration**, qui veut *prouver* quelque chose : on construit un raisonnement orienté vers une conclusion précise. C'est le genre de la plaidoirie ou de certaines notes de jurisprudence.

❑ La **discussion**, qui développe toutes sortes d'arguments en les classant, qui soupèse, critique ou approuve. C'est le genre de nombreuses œuvres doctrinales.

❑ La **comparaison**, souvent demandée, mais assez difficile, car on ne peut se contenter de présenter tous les éléments à comparer côte à côte ou à la file. Il faut les ordonner autour de points essentiels ou d'idées générales pour que la dissertation soit intéressante et bien construite.

❑ L'**analyse** d'une notion, d'un mécanisme ou d'une institution. C'est un exercice proche de la description, mais plus approfondi dans l'explication et dans le « démontage ».

❑ La **synthèse** d'éléments dispersés dans deux ou plusieurs questions de cours, et qu'il s'agit ici encore de réunir et d'ordonner autour de points essentiels ou d'idées générales.

❑ **L'évolution** chronologique du droit positif, des idées ou des mœurs et pratiques sur une question donnée.
Le genre d'exercice à adopter peut vous être imposé par l'énoncé du sujet. Dans ce cas, prenez bien garde de ne pas vous en écarter.
Ou bien, on vous aura laissé *le soin de le déterminer vous-même.* Recherchez alors ce que l'on attend de vous, *en considérant attentivement les centres d'intérêt essentiels de la question.* Peut-être est-ce une simple description bien construite ; peut-être une discussion ou une démonstration doit-elle suivre la description ; peut-être est-il indispensable de retracer une évolution (évolution historique, évolution de la législation ou de la jurisprudence) avant d'en arriver à l'exposé du droit positif.

L'important est de **ne pas mélanger les genres** d'un paragraphe ou même d'une ligne à l'autre, de *décider* le genre que l'on va adopter pour traiter le sujet ou tel de ses aspects, de l'annoncer clairement et de le faire. Une impression d'ordre et de rigueur se dégagera ainsi de votre travail.

Vous constatez l'importance de cette phase de décisions. Une fois déterminés les grands axes, les pôles d'intérêt du sujet et la manière dont il convient de les exposer, *le travail de construction est déjà bien avancé.*

CONSEILS PRATIQUES

Comment programmer la préparation

I – Pour une dissertation en temps libre,
il faut vous y mettre plusieurs jours d'avance (trois jours au moins).

Il est tout à fait **déconseillé de préparer et de rédiger la dissertation d'une seule traite.** Vous n'y récolteriez qu'une fatigue inutile, et même nuisible en ce qu'elle obscurcit votre jugement et vous contracte. Vous risquez alors des *erreurs* de compréhension, des erreurs de cadrage, un *manque d'aisance* dans la construction et dans la rédaction. Progressez par étapes car, dans les intervalles, le temps travaille pour vous.

• À titre indicatif, on peut conseiller de consacrer **une demi-journée** (trois heures et demie environ) à la *préparation,* puis de laisser passer une journée, et de consacrer encore *une demi-journée* (de trois heures et demie) à la *construction du plan et à la rédaction*. Ces deux demi-journées (de travail concentré) sont suffisantes pour faire une bonne dissertation, surtout si vous entamez la construction et la rédaction avec un esprit reposé. Et elles ne grèvent pas trop votre semaine de travail au détriment des autres matières.

• Vous ne pouvez considérer la préparation de votre dissertation comme *terminée* que :
– lorsque vous connaissez et comprenez les questions entrant dans le sujet,
– lorsque vous comprenez le sujet de dissertation lui-même.

Les deux choses sont différentes car, la plupart du temps, le sujet ne correspond pas exactement à des rubriques du cours : ne perdez pas de vue la différence d'angle.

II – En temps limité,
ne vous précipitez pas, ne bâclez pas la préparation.

Il suffit d'une heure et demie pour rédiger les cinq ou six pages du devoir si l'on sait ce que l'on veut dire et que l'on suit un plan détaillé. Vous pouvez donc consacrer environ une heure à la préparation, puis une demi-heure à bâtir le plan.

Récapitulation de la marche à suivre
• Lire plusieurs fois le sujet de manière articulée, concentrée, et sans *a priori*.
• *Se remémorer les définitions* de tous les mots et expressions qui le composent.
• *Se remémorer la place* dans le plan général du cours, des notions dont il s'agit.
• *Dresser par écrit l'inventaire très résumé* des connaissances que l'on a sur ces notions.
• Prendre les décisions nécessaires, sur le fond et sur le genre d'exercice, pour adapter ses connaissances au sujet de dissertation lui-même.

II. Le plan

Le plan de la dissertation ne tombe pas du ciel sur la tête de quelques étudiants chanceux ou géniaux. Le plan n'est jamais qu'une *mise en ordre* de ce que l'on a trouvé et compris.

Pour cette mise en ordre, il existe toute une série de règles, d'usages, de recettes propres aux juristes, que l'on vous demande d'assimiler et de reproduire. Vous ne partez pas au hasard : vous avez des modèles et des directives à suivre.

CONSEILS PRATIQUES

Prenez modèle sur les plans de vos cours et de vos manuels

Encore une raison de relever les plans de vos cours et de les connaître.

Remarquez comment vos professeurs et les auteurs des manuels s'y prennent pour présenter une question. Ayez l'esprit attiré sur leurs plans généraux, sur le découpage interne des chapitres et des paragraphes, sur leurs intitulés de rubriques.

Observez comment ils commencent toujours l'étude d'une question par une *introduction* qui la situe dans l'ensemble de la matière, puis en donne les particularités, la terminologie, et enfin se termine par une *annonce du plan*.

Vous constatez vous-même tous les jours qu'il est plus agréable et plus facile de suivre un cours dont le plan est clair, rigoureux, détaillé. Ces modèles doivent vous former l'esprit.

Et notez aussi que la même question, dans le cours et dans deux manuels, peut être exposée selon trois plans différents. Comparez ces plans lorsque vous apprenez, demandez-vous celui qui vous satisfait le plus et pour quelles raisons.

A. Le moule traditionnel de la dissertation juridique

La dissertation est considérée par les juristes comme un exercice *assez formaliste*.

❑ Il est *d'usage* de respecter un plan comportant :
– une introduction riche et développée,
– deux parties divisées elles-mêmes en deux sous-parties,
– une conclusion très brève ou, même, pas de conclusion.

❑ Ce plan doit **ressortir nettement** et, pour cela, on donne aux parties et aux sous-parties des **intitulés** (c'est-à-dire des titres). L'ossature est donc beaucoup plus apparente que dans une dissertation littéraire ou philosophique.

❏ À la fin de chaque subdivision, on prend soin de placer **une phrase de transition** pour éviter un trop brusque changement de sujet (remarquez ces transitions dans les cours de vos professeurs).

❏ **Les parties doivent être équilibrées** en volume, et il est d'usage de ne pas réserver l'important pour la fin : les points essentiels sont traités en première partie ou en début de deuxième partie.

Ce cadre traditionnel peut être *assoupli,* mais dans une certaine mesure seulement : un plan en trois parties sera admis si la matière l'impose ; une partie peut aussi comporter trois sous-parties ; quelques lignes de conclusion peuvent être bienvenues dans certains cas.

L'expérience vous montrera que l'effort de *regroupement,* de *balancement* et d'*équilibre* qu'impose ce moule traditionnel est souvent bénéfique pour la rigueur de la pensée et l'élégance de l'exposé.

B. L'introduction

L'introduction a autant d'importance que chacune des parties de la dissertation. Elle est souvent trop négligée par les étudiants. Une bonne introduction fait excellente impression sur le correcteur et facilite toute la suite du devoir.

❏ **Situer progressivement** la question à traiter dans l'ensemble de la matière, en centrant jusqu'à la cerner avec précision. C'est la *méthode de l'entonnoir,* large au départ, pointu à l'arrivée.

> Par exemple :
> la matière du cours est l'*Introduction au Droit* et le sujet de dissertation donné est « l'*abrogation de la loi par désuétude* ».
> Situer la question consiste à la placer dans le cadre général des *sources du droit positif* et, parmi ces sources, de *la loi* (dont on mentionnera la prééminence), puis à propos de la loi, à poser la question de sa *durée d'application,* de son *abrogation en général,* et enfin du cas particulier de son abrogation *par désuétude.*

On peut, au fur et à mesure, *mentionner, régler d'une phrase, puis écarter* certaines questions voisines n'entrant pas exactement dans le sujet, mais cependant utiles à sa compréhension – ici, par exemple, les autres genres d'abrogation.

❏ **Définir les termes juridiques.** Dans le même exemple : *loi, abrogation* et *désuétude.* Cela peut se faire au fur et à mesure que vous situez de plus en plus précisément la question.

❑ **Mentionner éventuellement les textes légaux** (au sens large) qui régissent la question. Dans notre exemple, il n'en existe aucun : il faut donc dire qu'il s'agit d'une question non résolue par une règle légale.

❑ Il est d'usage de **se référer à l'histoire et au droit comparé.** Si le sujet s'y prête, donnez quelques indications précises sur des conceptions ou des principes en vigueur à telle époque, ou dans tel pays, et qui méritent de retenir l'attention.

❑ **Indiquer les grands axes, les centres d'intérêt** que vous avez discernés. Vos décisions sur le contenu du sujet et la manière de le traiter doivent apparaître clairement. Cela vous permettra de montrer l'intérêt du sujet.

> **Dans l'exemple**, l'axe est un problème et même un *conflit* : la loi peut-elle ou non être abrogée par désuétude ? et comme la désuétude peut n'être pas seulement l'*absence d'application* du texte de loi, mais aussi l'apparition d'*usages*, de pratiques et même de *jurisprudence contraires* à la loi, il y a un conflit entre les diverses sources du droit : c'est ce qui fait tout l'intérêt de la question.

La problématique, les conflits, les difficultés doivent être *évoqués dans l'introduction,* mais attention ! *Ils ne doivent jamais y être résolus,* même d'un mot. Il faut soutenir l'intérêt, préserver le « suspens » et, en aucun cas, ne donner de solution de fond dans l'introduction.

❑ **En déduire le plan et l'annoncer clairement.** Il est souhaitable que l'annonce du plan ne tombe pas de but en blanc, mais soit amenée par quelques phrases *qui justifient le découpage* en deux (ou trois) parties : le « *parachutage* » du plan, selon l'expression consacrée, se fait ainsi en douceur. Vous n'y parviendrez qu'en vous y exerçant et en remarquant la manière dont ces parachutages sont faits par les auteurs (dans les articles ou les notes de jurisprudence).

N'annoncez en fin d'introduction que les deux (ou trois) grandes parties. Le découpage interne en sous-parties sera annoncé dans les quelques lignes introductives de chacune des parties (les « chapeaux »).

C. La construction

> **Dans l'exemple :**
> le plan de la dissertation peut être tiré des *diverses hypothèses de désuétude* que l'on aura mentionnées dans l'introduction, car, dans chacune de ces hypothèses, le problème ou le conflit avec une autre source du droit est différent (diviser pour régner... distinguer pour résoudre).
> Comme il y a trois cas, le plan le plus facile à trouver est en trois parties :
> I. La non-application prolongée de la loi.

II. Existence d'usages et de pratiques contraires à la loi.
III. Existence d'une jurisprudence contraire à la loi.

– *Dans la 1re partie*, on conclut très facilement à la non-abrogation.

– *Dans la 2e partie*, on montre le conflit entre la coutume *contra legem* (contraire à la loi) et la loi. Comme la loi l'emporte, on conclut à la non-abrogation.

– *Dans la 3e partie*, on montre le rôle créateur de droit positif de la jurisprudence, comment elle peut paralyser l'application de la loi, mais on conclut encore à la non-abrogation, en raison de la hiérarchie des sources du droit et de l'interdiction des arrêts de règlement.

Ainsi les problèmes et les conflits sont résolus par ordre de complexité et d'intérêt croissants.

Mais on peut aussi faire l'effort d'entrer dans le moule traditionnel, et trouver un plan plus élégant *en deux parties*.

I – La simple désuétude.
    A – Non-application prolongée de la loi
    B – Usages et pratiques contraires à la loi.

II – La désuétude consacrée par le droit positif
    A – Existence d'une jurisprudence contraire à la loi.
    B – Discussion sur les rôles respectifs de la loi et de la jurisprudence comme sources du droit.

Selon ce plan, le contenu est naturellement le même mais on développe dans le § B de la IIe partie une discussion et une réflexion sur le rôle créateur de la jurisprudence, la notion de source du droit, la hiérarchie des sources.

Ceci n'est qu'un exemple. Soyez convaincu, dans tous les cas, qu'on peut toujours trouver un autre plan et souvent un meilleur !

1. Plans de fond et plans d'idées

Il n'existe aucune recette pour trouver ce genre de plan, *tiré de la question à traiter elle-même* et de ses diverses facettes. Les *plans de fond* seront chaque fois différents, de même que les *plans d'idées*, construits à partir des idées qui gouvernent le sujet. La seule méthode consiste dans une parfaite compréhension de la question à traiter, et dans une réflexion approfondie tant sur le sujet lui-même, que sur l'inventaire des points à développer.

2. Plans techniques

En revanche, pour vous aider, on peut vous indiquer *quelques recettes de plans techniques*, c'est-à-dire construits à partir des subdivisions propres à la technique juridique, plutôt que particulières à chaque question.

Voici donc **quelques plans-types, avec des exemples de subdivisions** possibles, pour vous donner des idées sur les *points à aborder* et les *intitulés*.

Ces subdivisions ou intitulés sont naturellement à *choisir et adapter* selon les sujets (par exemple, une subdivision sur la *preuve* sera nécessaire pour l'étude de certaines notions ou institutions juridiques, alors que pour d'autres ce sera une subdivision sur les *formes,* ou sur la *sanction).*

Une notion juridique
Ex. : la personne morale ou la récidive.

I – Notion, ou définition, ou description, ou nature, ou éléments constitutifs.
– Rôle ou fonction (éventuellement)
II – Mise en œuvre
– formes,
– sanctions,
– preuves.

Une institution
Ex. : le mariage.

I – Conditions.
II – Effets.

Un mécanisme juridique
Ex. : l'annulation des actes administratifs pour excès de pouvoir.

I – Cas.
II – Régime.

Un droit
Ex. : la propriété

ou une institution
Ex. : la tutelle des majeurs.

I – Création, formation, ou acquisition.
II – Fonctionnement, mise en œuvre, ou exécution.
III – Fin ou extinction (éventuellement).

Une institution ou un mécanisme juridique
Ex. : le contrôle de la constitutionnalité des lois.

I – Technique (analyse ou description du mécanisme).
II – Finalité (à quoi est-il destiné, comment est-il utilisé en pratique, à quoi pourrait ou devrait-il servir, où mène-t-il ?).

Un principe, une règle
Ex. : la non-rétroactivité des lois.

– Fondements.
– Sens, contenu.
– Portée, domaine d'application, mise en œuvre.
– Exceptions, atténuations ou limites.

Une théorie

– Exposé.
– Appréciation critique.
– Incidences sur le droit positif.

Une distinction

– Intérêt ou utilité.
– Critère (à quoi reconnaît-on les éléments à faire entrer dans une catégorie plutôt que dans l'autre ?).
– Portée (à quels éléments s'applique-t-elle ?).
– Appréciation (sur l'intérêt de la distinction, la précision et l'exactitude du critère).

Une comparaison

I – Points communs.
II – Points spécifiques ou divergences.

Ces plans sont pour la plupart *descriptifs* et conviennent surtout à l'*analyse,* à la *description,* à l'*exposé.*

Pour **défendre une opinion** ou une solution, n'exposez pas la matière platement et objectivement, mais mettez en valeur les arguments qui sont dans votre sens et réfutez soigneusement les autres.

Le plan-type est :
I – Réfutation de la thèse adverse. II – Défense et justification de votre thèse.

Mais on peut aussi tirer un plan d'idées de deux ou trois sortes d'arguments que l'on réfute ou adopte.

– Pour **retracer une évolution,** montrez-en les *étapes* en expliquant *pourquoi* la loi ou la jurisprudence ont changé, avant d'en arriver au *droit positif actuel,* et dites si celui-ci vous semble satisfaisant et pourquoi. Le plan sera donc chronologique et articulé autour d'un ou deux points charnières (comme la réforme législative ou le revirement de jurisprudence de telle date).

Par exemple :
I – Le régime antérieur à la loi (de 1994 par ex.). II – La loi (de 1994). III – La jurisprudence postérieure.

Une **synthèse** ne peut guère se faire que sous un « plan d'idées ».

Une **démonstration** doit être serrée et cohérente, les maillons du raisonnement doivent s'enchaîner logiquement : le découpage en parties est souvent délicat, mais il faut s'efforcer de classer les arguments :

Par exemple :
– Arguments de fait. – Arguments de droit.
ou : – Arguments se rattachant à l'impératif A. – Arguments se rattachant à l'impératif B.

CONSEILS PRATIQUES

Pour passer de l'inventaire au plan

– *Écrivez les plans que vous trouvez :* notez les intitulés des grandes parties, et ceux des sous-parties (A, B, C), puis voyez comment s'y *répartissent* les divers points de votre inventaire.
– Veillez à réaliser un certain équilibre des parties et sous-parties, en volume et en intérêt autant que possible. *Rejetez un plan trop déséquilibré.*
– Veillez à ce que toutes les questions à traiter puissent y entrer

assez naturellement. *Rejetez un plan qui ne couvre pas complètement le sujet.*
– Veillez à ce que les différentes subdivisions ne se recoupent pas.
Rejetez un plan qui mène à des redites.
Le plan adopté doit être écrit clairement au brouillon, avec toutes ses subdivisions et la place de chaque point de l'inventaire. Il sera votre schéma, votre *guide pour la rédaction* définitive et vous n'aurez plus qu'à le suivre. En temps limité, ce sera toujours votre seul brouillon.
De même, écrivez le *schéma détaillé de l'introduction.*

III. La rédaction

« La dissertation est faite, il ne reste qu'à l'écrire ».

CONSEILS PRATIQUES

Faut-il faire un brouillon ?

En temps limité, il est conseillé de *ne pas faire de brouillon.* Cela vous prendrait trop de temps, au détriment du travail de préparation et de *réflexion.* Pendant que l'on écrit, on se préoccupe de s'exprimer et on ne réfléchit pas assez au cadrage du sujet. Gardez votre temps pour réfléchir, vous remémorer, construire, écrire un *plan bien détaillé.*

Par contre, si vous vous sentez mal assuré, vous pouvez *faire un brouillon pour l'introduction.* Puis, avec une bonne introduction et un bon plan détaillé, lancez-vous.

En temps libre, pas de conseil aussi formel. Le brouillon prend beaucoup de temps et l'idéal est de pouvoir s'en passer. Mais si vous êtes de ceux dont le premier jet a toujours besoin d'être raturé, n'hésitez pas, surtout en débutant, à écrire d'abord au brouillon.

Toutefois, cela n'a de sens que si vous faites l'effort, ensuite, de *corriger et d'améliorer ce brouillon.* Si c'est pour le recopier mécaniquement et dans la précipitation, vous aurez perdu votre temps.

A. La présentation

Rien n'est plus facile que de gagner un ou deux points par une bonne présentation. Ayez l'art de mettre votre travail en valeur. Ne vous nuisez pas par négligence, relâchement, maladresse.

Laissez une marge et écrivez lisiblement, sans serrer.

Allez à la ligne dès que vous abordez une idée nouvelle.

Faîtes apparaître très nettement votre *plan* en sautant des lignes à la fin de chaque partie et sous-partie.

Choisissez soigneusement les *titres des parties,* inscrivez-les clairement, et soulignez-les (il n'est pas mauvais d'en trouver aussi pour les sous-parties). N'hésitez pas à inscrire I et II, A et B, devant les intitulés ; le plan n'en sera que plus clair.

Vous n'imaginez pas à quel point une présentation nette et soignée sera bénéfique pour votre travail... et pour votre note. La forme influence le fond, ils sont inséparables, et un effort de clarté quant à la forme vous inspirera des idées claires, vous donnera de l'exigence et de la cohérence.

B. Le style

Adoptez un style simple et une terminologie précise.

Il ne faut pas croire que le style juridique soit désuet et pompeux. Bannissez toute formule du style « le Sieur Untel » (v. *supra*), ou « le susdit article ». Évitez l'emploi du passé simple surtout si vous n'êtes pas sûr de réussir une bonne concordance des temps : il ne faut pas mélanger sans rime ni raison des phrases au passé et des phrases au présent.

Faites des phrases courtes et précises. Chacune d'elles doit apporter *une* information nouvelle, et une seule.

Vous ne devez ni écrire en style télégraphique ni utiliser vos abréviations. Car vous n'êtes plus en train de prendre des notes de cours ou de faire un résumé : vous rédigez une dissertation et cet exercice particulier va témoigner, auprès du correcteur, de *votre capacité à présenter* un travail. Il ne suffit pas de montrer que l'on connaît la question, il faut encore manifester que l'on sait la présenter, c'est-à-dire s'adresser à autrui avec soin, habileté et considération pour le lecteur.

Bref, même et surtout si l'on n'est pas très savant, on peut encore témoigner d'autres qualités non négligeables : l'aptitude à présenter, à exprimer et à mettre en valeur le peu que l'on sait.

C. Le contenu

❑ **Progressez régulièrement dans l'exposé** de ce que vous avez à dire.

D'abord, *annoncez* au début de chaque grande partie les deux ou trois sous parties qu'elle contiendra (ces quelques lignes introductives s'appellent le « chapeau »).

Puis traitez successivement les divers points de votre plan détaillé, avec clarté, précision et sans délayage.

Si vous avez choisi une idée ou un principe comme axe de vos développements, n'omettez pas de *rattacher souvent* vos développements à cette idée.

Mais ne tournez pas en rond : le même argument, la même information ne doivent pas revenir. Il n'est pas bon d'affirmer, puis de démontrer, puis de réaffirmer.

Progresser consiste à :
- annoncer la question que l'on va examiner ;
- donner successivement tous les éléments de la description ou de l'argumentation ;
- puis énoncer explicitement la conclusion ou tirer l'essentiel de la description.

❑ **Ne vous contredisez pas...** comme cela arrive souvent, par incohérence, ou par maladresse. Sachez *nuancer* une affirmation autrement qu'en la contredisant brutalement.

❑ **Ne vous laissez pas emporter par votre plume** à dire en première partie des choses qui doivent être développées dans la seconde, ou à répéter dans la seconde des remarques déjà faites en première partie. Ne vous laissez pas non plus entraîner à sortir du sujet, à déséquilibrer vos parties, à ne pas suivre le plan annoncé.

❑ **Ce qui va sans dire va mieux en le disant.** Ne soyez pas elliptique en vous exprimant par sous-entendus, ne croyez pas qu'après un raisonnement la conclusion va de soi : dégagez-la explicitement. Le correcteur doit comprendre où mènent vos remarques et vos raisonnements.

❑ **Ne faites pas des pages de copie.** Les citations doivent être courtes, indispensables et mises entre guillemets. Il est totalement inutile de faire du volume en copiant les codes, ou des paragraphes entiers de doctrine ou de jurisprudence. Faites plutôt l'effort de les résumer en quelques phrases. Et n'omettez pas de citer vos sources.

❑ **Donnez des exemples,** revenez souvent au concret, à la pratique.

Ces conseils sont également valables pour la rédaction de tous les autres exercices : commentaires d'arrêts, cas pratiques, commentaires de textes, notes de synthèse, etc.

CHAPITRE 6

Le commentaire d'arrêt

Ne soyez pas l'étudiant...

– *qui ignore totalement en quoi consiste un commentaire d'arrêt et ce que ses correcteurs attendent de lui*
– *qui entreprend un commentaire sans avoir appris la matière, ni sans avoir remarqué s'il s'agissait d'un arrêt de la Cour de cassation de 1984 ou d'un jugement du tribunal de Bobigny de 2003*
– *qui s'obstine à suivre le plan-type de M. X, que son correcteur n'apprécie pas*
– *qui se contente de paraphraser l'arrêt... en commençant par se perdre dans les faits*
– *qui se borne à réciter une tranche de cours correspondant plus ou moins bien à l'espèce.*

LES CLÉS

Beaucoup d'étudiants redoutent le commentaire d'arrêt parce que c'est un exercice complexe, ne ressemblant à aucun de ceux appris dans le secondaire, et dont les méthodes diffèrent souvent d'un professeur à l'autre.

Mais les difficultés s'aplaniront d'elles-mêmes si vous avez bien compris ce que l'on attend de vous.

Entreprendre le commentaire d'arrêt sur des bases solides

– D'abord, **apprendre et bien comprendre le cours** sur la ou les questions soulevées par la décision.

– Puis approfondir un peu l'étude de ces questions (en faisant éventuellement **quelques recherches** en bibliothèque).

– Enfin, être capable de **comprendre une décision** (ce qui constitue la condition première de tout commentaire).

On ne peut pas entreprendre un commentaire d'arrêt sans préparation, sans connaissances, sans méthode. Il est normal que vos premiers commentaires vous donnent plus de mal qu'une dissertation. (Il est déconseillé d'étudier ce chapitre sur le commentaire d'arrêt sans avoir lu les précédents, et notamment les chapitres 2 et 3 sur la lecture et l'analyse d'une décision de justice ; voir aussi sur l'étude approfondie d'une question, p. 67 et s., sur la construction, p. 93 et s., sur la présentation et la rédaction p. 119 et s. ; pour les débutants, il est moins indispensable de savoir faire des recherches car on les en dispense souvent en leur distribuant les documents nécessaires à leur commentaire.)

Savoir s'adapter

Beaucoup d'étudiants sont à la recherche d'une méthode, ou d'un plan-type de commentaire d'arrêt. Or ce serait leur rendre un mauvais service que de leur recommander d'adopter une fois pour toutes tel ou tel procédé.

On ne peut pas s'en tenir à un modèle unique de commentaire, d'abord à cause de la diversité des décisions de justice, et aussi parce que les professeurs n'ont pas tous la même conception du commentaire, ni les mêmes exigences.

Certains professeurs, partisans d'un apprentissage progressif, estiment qu'en première année l'essentiel de l'exercice peut consister dans une analyse exacte et approfondie de la décision, suivie de quelques éléments de comparaison et de discussion.

D'autres considèrent au contraire que les étudiants doivent « se jeter à l'eau » dès le départ et tenter de construire une sorte de note de jurisprudence.

Certains conseillent des plans-types, d'autres recommandent de se garder de tout procédé ; certains se contentent de bonnes connaissances, d'autres attendent en plus une réflexion personnelle, certains insistent sur la différence entre le commentaire d'arrêt et la dissertation, d'autres gomment cette différence...

Alors que faire, quel parti prendre ?

La réponse est claire : **comprendre les conceptions et les méthodes de vos professeurs et les suivre.** Ce sera pour vous l'occasion d'acquérir des qualités de compréhension et d'adaptation qui vous serviront par la suite. Dans la vie professionnelle, il faut savoir s'adapter aux exigences d'un patron ou d'un supérieur hiérarchique, ou d'une fonction, parfois en changeant ses habitudes. Il est donc formateur d'apprendre à bien saisir ce que l'on attend de vous, et à vous y conformer le mieux possible.

CONSEILS PRATIQUES

Recherchez d'où viennent vos difficultés

Si le commentaire d'arrêt vous semble d'une difficulté insurmontable, ce peut être :
– parce que vous avez encore *trop de mal à comprendre les décisions de justice ;* vous manquez de bases sur la terminologie judiciaire, sur le déroulement du procès et le rôle des diverses juridictions. Commencez par acquérir ces connaissances de base et par vous exercer à la lecture active de décisions (v. *supra,* chapitre 2) ;
– parce que *vous n'avez pas suffisamment appris* et compris la partie du cours sur laquelle porte l'arrêt. La question qu'il concerne figure certainement dans votre cours et dans vos manuels. Il faut l'y trouver et y réfléchir (v. *supra,* chapitre 1) ;
– parce que *vous ne trouvez rien à dire de plus que l'analyse* de la décision. Une fois indiquée la solution, vous ne savez jamais comment l'expliquer ou l'apprécier, et le commentaire finit en queue-de-poisson. Vous trouverez ci-dessous la plupart des questions utiles à vous poser pour étoffer le commentaire.

Si, au contraire, un commentaire d'arrêt vous a semblé *facile,* mais que vous n'avez obtenu qu'une *faible note,* ce peut être :
– parce que vous n'avez fait qu'*une paraphrase de la décision,* c'est-à-dire que vous vous êtes contenté d'exprimer en d'autres termes (ou même de citer) ce qu'elle contient, sans rien ajouter de nouveau. On attendait de vous un travail d'explication, un exposé de la question et une confrontation de la décision avec le droit positif que vous n'avez pas faits.
– parce que vous avez *récité de A à Z votre cours* sur la matière, sans avoir eu l'adresse de rattacher l'exposé de vos connaissances à la décision, ni de faire le tri entre les points évoqués par l'arrêt et ceux qui sont hors sujet.
– parce que vous avez commis au départ une *erreur dans la compréhension* du problème de droit ou de la solution et que tout le commentaire est donc faux ou hors sujet. Vous éviterez de tels contresens en étudiant de nombreux arrêts, en faisant des fiches de jurisprudence et en apprenant mieux votre cours.

I. Qu'est-ce qu'un commentaire d'arrêt ?

A. Les ingrédients à doser

1. L'analyse de l'arrêt

Elle fera ressortir les points suivants (v. *supra,* chapitre 2, l'analyse pour la fiche de jurisprudence) :
– examen des faits et de la procédure ;
– prétentions et arguments des parties en présence ;
– position du problème de droit soumis au juge ;
– solution apportée par l'arrêt avec sa motivation.

Une analyse exacte et précise témoigne de vos *aptitudes à comprendre une décision et à en extraire le point de droit.*

2. L'exposé du droit positif sur les questions qu'il soulève

Tout commentaire doit comporter l'état du droit sur la question précise que tranche l'arrêt (avec quelques indications sur son évolution dans le temps et quelques allusions à des questions très proches). On exposera donc :
– les textes légaux et les grands principes applicables ;
– la position de la jurisprudence ;
– les opinions doctrinales.

C'est l'occasion de *montrer vos connaissances.*

3. Une réflexion sur l'arrêt

Elle doit consister à *confronter* la solution apportée par l'arrêt avec le droit positif, et à apprécier la valeur et les conséquences de cette solution.

Vous commencerez par glaner des éléments d'appréciation dans les manuels ou dans les notes, puis vous apprendrez à faire preuve d'*esprit juridique* et à utiliser votre *culture.*

B. Les proportions

L'importance à accorder dans votre devoir à chacun de ces trois éléments – analyse, examen du droit positif, réflexion personnelle – dépend du genre de décision que vous avez à commenter et aussi de la conception qu'a votre professeur du commentaire d'arrêt.

1. La place à accorder à l'analyse

Si l'on vous a recommandé de faire une analyse minutieuse et fouillée, si la décision est *longue* et relate des *faits complexes,* l'analyse de l'arrêt peut constituer une bonne moitié de votre devoir, l'examen du droit positif et la réflexion personnelle se partageant l'autre moitié.

Mais **si l'on vous a conseillé un commentaire en forme d'étude juridique des points de droit tranchés** par l'arrêt, les proportions seront différentes. Une analyse exacte de la décision est certes indispensable, mais elle relève du *travail préparatoire.* Le devoir lui-même doit être consacré tout entier au commentaire, et l'analyse n'y apparaît que très succincte, *en introduction.* Suit un « plan de fond », qui s'apparente à un plan de dissertation et dans lequel on examine successivement les deux (ou trois) problèmes juridiques posés par l'arrêt (c'est à propos de chaque point qu'interviennent l'exposé du droit positif, les confrontations nécessaires et les appréciations).

Ce procédé convient particulièrement à des arrêts brefs et juridiques, comme certains arrêts de la Cour de cassation.

2. L'étude du droit positif

L'étude du droit positif sur la question tranchée par l'arrêt ne peut jamais être sacrifiée. S'il s'agit d'un examen, vous devez faire preuve de bonnes connaissances, et s'il s'agit d'un simple devoir, il faut montrer que vous avez assimilé la matière et étudié la documentation.

3. La part de réflexion sur l'arrêt

Quant à la part de réflexion, de confrontation et d'appréciation, elle est l'aboutissement nécessaire des deux autres. À quoi servirait-il d'examiner la décision, puis le droit positif pour ne pas les confronter ? Mais c'est un travail délicat, qui demande un peu d'entraînement. On ne tient pas rigueur aux débutants d'avoir peu d'idées personnelles ; et vous apprendrez vite les bonnes questions à vous poser pour faire jaillir ces idées (v. *infra*).

À vous de doser adroitement les ingrédients selon le *genre d'arrêt* à commenter, selon la *question* sur laquelle il porte et selon les *recommandations* qui vous sont faites (v. *infra*, quelques plans de commentaires d'arrêt ; en tête de chacun, il est indiqué à quel type de décision il convient plus particulièrement).

II. La préparation

> ### CONSEILS PRATIQUES
>
> **La marche à suivre pour préparer un commentaire d'arrêt**
>
> Elle consiste en de nombreuses allées et venues entre l'arrêt à commenter et les ouvrages ou documents.
>
> - **Une première lecture de la décision,** destinée à repérer son domaine général et, autant que possible, son sujet précis, sa date, la juridiction qui l'a rendue.
> - **Une première étude du cours ou du manuel.** Ne poursuivez que lorsque vous aurez bien compris la matière théorique.
> - **L'analyse de l'arrêt :**
>   – Faites d'abord *plusieurs lectures* très attentives de l'arrêt en le *soulignant,* en le *divisant,* en l'*annotant,* de manière à en faire ressortir les parties et les articulations (v. *supra,* chapitre 2, la méthode pour lire et comprendre une décision de justice).
>   – Puis une analyse écrite et concise, analogue à une fiche de jurisprudence (v. *supra,* chapitre 3).
> - **L'étude approfondie du point de droit** se fera à l'aide :
>   – du *cours* ou du *manuel* habituel, à nouveau, en y repérant le plus précisément possible la question tranchée par l'arrêt ;
>   – d'un *traité* ou d'un *autre* ouvrage si possible ;
>   – des *documents distribués en TD* qui, généralement, ont été spécialement choisis pour nourrir votre commentaire ;
>   – des notes ou conclusions accompagnant éventuellement l'arrêt à commenter (vérifiez toujours s'il en existe) ;
>   – de *quelques recherches* (lorsque vous aurez acquis un peu d'entraînement) pour trouver d'autres décisions ou notes de jurisprudence importantes.
> - **Un inventaire écrit,** dressé au fur et à mesure de vos lectures et de vos recherches, récapitulera les éléments à utiliser dans le commentaire, avec leurs références (sur l'inventaire, v. *supra).*

> - *La réflexion sur l'arrêt,* destinée au commentaire proprement dit :
> - confrontation avec le droit positif ;
> - discussion critique ;
> - recherche des incidences ultérieures.
>
> Efforcez-vous de répondre aux questions posées *infra* en vous aidant de tous les éléments de réponse trouvés dans vos lectures et vos recherches.

A. L'analyse de l'arrêt

Procédez comme chaque fois que vous faites une fiche de jurisprudence, et selon le même schéma d'analyse (v. *supra,* chapitre 3). Le commentaire d'arrêt vous sera ainsi facilité par les habitudes acquises tout au long de l'année :
- exposé chronologique des faits non contestés ;
- étapes de la procédure antérieure ;
- prétentions et arguments des parties ;
- problème de droit ;
- solution : sens et motifs.

Pour préparer un véritable commentaire, il faut *insister sur les derniers points – position du problème et analyse de la solution –* qui sont les plus importants en même temps que les plus délicats.

Voici donc quelques conseils précis pour vous guider.

1. Position du problème

Dégager le problème de droit et le poser sous la forme d'une question générale et abstraite, demande un effort de *synthèse* et d'*abstraction.* Pour y parvenir :

❑ Soignez d'abord l'**exposé des prétentions** et arguments des parties, car c'est là le point de départ. Le problème de droit est *issu de l'opposition entre les thèses juridiques des deux adversaires :*
- dans un arrêt de la Cour de cassation, il s'agit de l'opposition entre le moyen de cassation et l'arrêt attaqué ;
- dans une décision des juges du fond, il s'agit de l'opposition entre les deux argumentations adverses.

– Efforcez-vous de ramasser cette opposition en une phrase interrogative.

❑ **Passez du particulier au général** : dans la position du problème, ne dites pas « le demandeur », ou « M. Untel », mais un *propriétaire,* un *époux,* un *récidiviste ;* autrement dit, donnez à chaque personne, à chaque situation, à chaque agissement, la *qualification juridique* sous laquelle la règle de droit l'appréhende. Dans vos cours et manuels, où les questions sont traitées sous l'angle théorique et abstrait, vous trouverez les qualifications.

❑ **Inspirez-vous de la formule d'un attendu de principe**, ou d'un attendu énoncé sous forme de règle générale : ces formules constituent la réponse à la question que vous devez poser et peuvent donc vous aider.

❑ En cas de difficulté, **écrivez** des formulations successives du problème en **généralisant** et en **condensant** progressivement les questions.

2. Analyse du sens de la décision

Elle doit être très minutieuse. C'est le cœur du commentaire, et le défaut des débutants est de ne pas assez y insister. Citer seulement entre guillemets le dispositif de l'arrêt n'apporte rien.

Il faut **exposer de manière très explicite la solution adoptée par l'arrêt.** Pour cela, placez-vous successivement sur le plan juridique et abstrait du problème de droit, puis sur le plan concret du litige particulier.

❑ **Sur le plan juridique,** énoncez de façon précise et détaillée la réponse apportée par l'arrêt au problème de droit.

Si l'arrêt pose un *principe* ou adopte une *interprétation,* indiquez-la et expliquez-la.

Certaines décisions contiennent plusieurs solutions. L'analyse consiste à les distinguer soigneusement :
– Si l'arrêt tranche *deux problèmes bien distincts* (au cas en particulier où il répond à deux moyens de cassation), vous devez bien entendu les étudier séparément (le plan général de votre commentaire est alors tout trouvé : une partie sur chaque point tranché, v. *infra*).
– Même si l'arrêt ne tranche qu'un problème, la solution comporte parfois *deux éléments de réponse distincts,* que vous devez repérer et

distinguer. Par exemple : un arrêt annule un contrat *et* se prononce pour une nullité relative.

❏ **Sur le plan du litige,** indiquez auquel des plaideurs la solution donne tort ou raison, dans quelle mesure leurs prétentions sont satisfaites, le sort fait à l'arrêt attaqué, etc.

3. Analyse de la motivation

Les motifs et arguments sur lesquels l'arrêt fonde sa solution doivent être **relevés, classés, expliqués.** Ce travail d'analyse de la motivation est important dans les décisions des *juges du fond*. Décomposez bien le raisonnement des juges (c'est indispensable pour le discuter et l'apprécier ensuite). Classez les *motifs des faits* et les *motifs de droit,* les motifs tirés de l'argumentation des parties et les motifs soulevés d'office ou substitués à ceux des parties.

Les arrêts de la *Cour de cassation* sont peu motivés, souvent même ils statuent par simple affirmation d'une solution ou d'une règle. Essayez alors de trouver vous-même (dans vos cours et manuels) les principes sur lesquels se fondent l'arrêt et *par quel raisonnement* les juges sont parvenus à la solution. Il est indispensable de *reconstituer ce raisonnement et de l'expliciter.* Votre connaissance de la matière doit vous permettre d'expliquer *pourquoi* la Cour de cassation retient telle solution. Posez-vous toujours cette question.

B. L'étude de la question de droit

Procédez selon la méthode indiquée au chapitre 4 pour approfondir et chercher de la documentation.

Dans l'optique du commentaire d'arrêt, vos recherches auront un double objectif : d'une part, vous permettre *de faire le point sur le droit positif* relatif à la question tranchée, et d'autre part, vous *fournir des éléments de discussion.*

Parvenu à ce stade, vous avez analysé un arrêt et fait l'étude approfondie d'une question de droit. Trois feuilles de papier contiennent le résultat de votre travail. Vous êtes sur le bon chemin, mais le plus intéressant et le plus méritoire reste à faire.

CONSEILS PRATIQUES

Notez les inventaires

Sur deux feuilles distinctes, notez les *inventaires* de vos connaissances et de tout ce que vous trouvez dans ces deux domaines : état du droit positif, éléments de discussion.
 Naturellement, le jour de l'examen vous n'aurez pas de documentation. C'est grâce aux connaissances acquises en cours d'année que vous reconstituerez ces inventaires. Mais vous en serez tout à fait capable si vous avez étudié au cours de l'année, puis révisé, la matière théorique et vos documents de travaux dirigés.
 La fiche sur le droit positif doit comprendre :
– *l'état du droit à l'époque* où l'arrêt a été rendu : principes, textes applicables, jurisprudence antérieure ;
– et, si la décision est ancienne, les grandes *étapes de l'évolution ultérieure :* lois ou arrêts marquants sur la question.
 Votre cours et les ouvrages théoriques vous fourniront ces indications. Si vous avez la chance de trouver une note de jurisprudence ou des conclusions faisant le point sur la question, tirez-en tout le profit.
 La fiche sur les éléments de discussion doit comporter :
– les *opinions doctrinales* de toutes sortes, prises de position, théories, approbations, critiques, suggestions formulées par les auteurs et que vous glanerez dans vos lectures ;
– *vos propres remarques :* notez les idées et les critiques au fur et à mesure qu'elles vous viennent, elles risqueraient autrement de vous échapper ; vous les utiliserez si elles s'avèrent exactes et pertinentes.

C. Les questions à se poser pour le commentaire proprement dit

La *réflexion* sur l'arrêt qui prépare le commentaire proprement dit doit s'orienter dans trois directions :
– la confrontation de la décision avec le droit positif antérieur ;
– la discussion critique ;
– la recherche des incidences ultérieures.

Si l'arrêt est annoté et cité, recherchez et utilisez le mieux possible les commentaires des auteurs. Vous y verrez toutes les réflexions que l'on peut faire à propos d'un arrêt.

Si vous ne disposez d'aucune documentation, recherchez par vous-même les réponses aux questions en vous aidant de vos connaissances théoriques.

1. Première question : La décision est-elle conforme au droit positif ?

Il faut déterminer si la décision se contente d'appliquer des règles ou des solutions déjà en vigueur, ou si elle s'en écarte et innove.

Vous *connaissez* les principes de la matière, les textes légaux applicables, la position de la jurisprudence dominante à l'époque où l'arrêt a été rendu (cela figure dans votre inventaire). Mettez-vous alors dans l'optique de celui qui résout un cas pratique et, sans vous laisser influencer par la solution retenue, *recherchez vous-même celle qui s'imposait.*

Est-ce bien celle adoptée par l'arrêt ?

1) Lorsque la décision apparaît conforme au droit positif antérieur

Elle n'apporte rien de bien nouveau et reprend seulement une solution acquise (c'est le cas de la plupart des décisions rendues).

Cependant, avant d'affirmer qu'une décision n'apporte rien de nouveau, demandez-vous :
– si elle est fondée sur les mêmes motifs, sur le même raisonnement que les précédentes ;
– si elle ne règle pas une situation de fait voisine, mais un peu différente.

En présence d'une décision qui n'innove pas et constitue seulement une *application des règles et solutions en vigueur, la suite de votre commentaire consistera en une* **étude et une discussion de ce droit positif.** C'est dans de tels cas que votre devoir peut prendre une tournure plus théorique : lorsque l'arrêt n'apporte rien en lui-même, on est renvoyé aux règles qu'il applique.

2) Si la solution adoptée par l'arrêt n'est pas dans la ligne du droit positif antérieur

Cela peut être pour plusieurs raisons et vous devez déterminer laquelle. Toute la suite de votre travail consistera à **expliquer l'apport, la diffé-**

rence d'interprétation qu'il contient, puis à *en faire la critique* et à *en évaluer les conséquences*.

Voici quelques cas typiques pouvant attirer votre attention (mais il en existe bien d'autres). Si l'arrêt est connu, cité, annoté, vous verrez facilement à quel cas le rattacher.

❏ **La décision tranche-t-elle un point sur lequel il n'y avait pas encore de jurisprudence ?** Dans ce cas, elle apporte une pierre à la construction antérieure. Cet *élément nouveau*, qui fait l'intérêt de la solution, doit être *déterminé, expliqué, apprécié* avec soin.

❏ **La décision prend-elle parti sur un point controversé, non fixé en jurisprudence, discuté par la doctrine ?** Se rattache-t-elle à un nouveau courant ?

– Si l'arrêt commenté émane de la Cour de cassation, du Conseil d'État ou du Tribunal des conflits et contient un net attendu de principe énonçant solennellement sa position, *il fixera probablement la jurisprudence*. Il est donc important d'analyser la solution ainsi consacrée (au regard des autres solutions possibles), de l'apprécier et d'en évaluer la portée.

– Si la décision émane des juridictions inférieures, on peut s'interroger sur le sort que lui réserve la suite du procès : *elle sera peut-être réformée ou cassée, à moins qu'elle ne prépare une évolution*. Cela dépend beaucoup de sa valeur. Vous insisterez donc sur la discussion critique.

❏ **La solution adoptée ne serait-elle pas erronée**, c'est-à-dire issue d'une erreur de raisonnement ou d'une fausse qualification ?

Avant de l'affirmer, soyez très prudent, montrez *exactement où réside l'erreur* et comment elle a mené à une solution contraire aux principes ou illogique. Si vous êtes sûr de vous, soyez mesuré dans l'expression, mais net dans la critique : on vous a soumis cet arrêt pour tester votre perspicacité et votre esprit critique.

❏ Enfin, le cas rare : **la décision constituerait-elle un véritable revirement de jurisprudence ?** Il s'agit alors d'un arrêt de la Cour de cassation ou d'une haute juridiction administrative, cassant plutôt que rejetant, en tout cas contenant, dans un net attendu de principe, une prise de position juridique radicalement différente de celle des arrêts antérieurs.

Soyez prudent avant de détecter un revirement de jurisprudence : ils sont rares et connus.

Expliquez très soigneusement la *différence* entre la position ancienne et la nouvelle. Vous devrez insister sur les *incidences* du revirement (v. *infra*).
– Que la décision soit conforme ou non au droit positif, il est recommandé de *citer un ou deux arrêts antérieurs*, pour étayer la confrontation.
– Si l'arrêt contient une allusion à une *théorie doctrinale*, ne manquez pas de dire s'il l'adopte ou l'écarte.

CONSEILS PRATIQUES

Mettez tous vos soins à confronter la décision avec le droit positif antérieur

C'est la partie la plus importante du commentaire ; en aucun cas, vous ne pouvez vous en dispenser.

On attend de vous que vous disiez clairement si l'arrêt :
– *fait application* de règles en vigueur et de solutions déjà acquises ;
– ou bien *innove*, apporte quelque chose à la jurisprudence, la modifie, la contredit ; et dans ce cas que vous déterminiez précisément ce qu'il apporte ou ce qu'il change.

Pour étayer ces réponses, vous devez :
– comparer précisément l'arrêt (motifs et solution) avec un ou deux arrêts antérieurs (des *précédents*) ;
– ou bien au moins, un jour d'examen, avec la tendance générale de la jurisprudence, que vous êtes censé connaître.

Au cas d'une décision-application, votre commentaire d'arrêt consistera principalement en une explication et une discussion des règles et solutions du droit positif.

Au cas d'une décision novatrice, votre commentaire d'arrêt consistera :
– à cerner et expliquer la solution nouvelle,
– à en faire la discussion critique,
– à en indiquer les conséquences (déjà réalisées ou prévisibles).

Vous remarquez combien il est important de déterminer si vous êtes en présence d'une *décision-application* ou bien d'une *décision novatrice :* toute la suite de votre travail en dépend. Mettez le plus grand soin à ne pas commettre d'erreur.

2. Deuxième question : La décision mérite-t-elle d'être approuvée ou critiquée et pour quelles raisons ? (valeur de l'arrêt)

En débutant, un étudiant ne se sent guère capable d'apprécier la valeur d'un arrêt. Il a du mal à se forger une opinion, et ne sait pas comment l'exprimer : « La Cour a eu raison... » ou « l'arrêt semble sévère... ». *Cet embarras tient à l'imprécision des critères d'appréciation.*

La discussion critique devient facile et intéressante *lorsqu'on a une idée claire des* **impératifs au regard desquels il convient d'apprécier l'arrêt à commenter.**

Impératif de logique

❑ **Le raisonnement des juges est-il parfaitement logique ?** Ne recèle-t-il pas une contradiction, une déduction fausse ou hasardeuse ?

Impératifs juridiques

❑ **La solution est-elle cohérente** avec les grands principes juridiques, avec les autres règles d'origine légale ou jurisprudentielle qui gouvernent la matière ?

❑ **Sur quel principe ou quel impératif juridique est-elle fondée ?** Ce principe a-t-il une valeur absolue ou doit-il s'équilibrer avec d'autres impératifs, d'autres intérêts ?

> **Par exemple :**
> le principe de la légalité des délits et des peines a valeur absolue mais le respect des droits de la défense dans un procès pénal doit s'équilibrer avec l'impératif d'intérêt général de poursuite des infractions.

Dans quel sens la décision fait-elle pencher la balance ? Cela vous paraît-il souhaitable ? Une opinion personnelle est bienvenue si elle est soigneusement justifiée.

❑ **La solution est-elle juste ?**

❑ **La solution est-elle utile, pratique, opportune ?**

❑ **Quels intérêts fait-elle prévaloir ou protège-t-elle ?** Intérêt général ou intérêts particuliers, intérêts matériels ou moraux, intérêts appartenant à quelle catégorie de personnes (les victimes, les enfants, les usagers...) ?

Est-il socialement juste, est-il économiquement utile de sauvegarder ces intérêts ?

Impératifs économiques
- **La solution favorise-t-elle la sécurité des transactions** (en évitant des contestations possibles), ou plutôt leur rapidité, la facilité des échanges ?
- **La solution favorise-t-elle l'inflation**, pénalise-t-elle les débiteurs ou les créanciers ?
- Encourage-t-elle ou décourage-t-elle l'entretien, la mise en valeur des immeubles, des exploitations ?

Impératifs sociaux
- **La solution protège-t-elle les droits de la catégorie économiquement et socialement la plus faible** (les salariés, les locataires, les consommateurs...), réalise-t-elle un bon équilibre entre les intérêts sociaux en présence ? Ne pourrait-elle aboutir à décourager les initiatives au détriment de l'intérêt général ?

Impératifs moraux
La décision, ou ses motifs, ses fondements plus lointains ou encore ses incidences ont-ils des **implications morales** ?

> Par exemple,
> s'agit-il :
> – du respect de la personne humaine et de sa dignité,
> – de la protection des liens familiaux.
> – de la défense de la morale sexuelle,
> – ou de problèmes éthiques nouveaux suscités par les progrès de la science (de la biologie en particulier) ?

Notez qu'il y a lieu d'examiner toute solution et toute argumentation au regard des *impératifs logiques et juridiques*, mais qu'en revanche, toutes n'ont pas d'implications économiques, sociales ou morales.

Tout dépend de la matière sur laquelle porte l'arrêt à commenter. Les questions soulevées sont extrêmement variées et celles-ci ne constituent que des exemples dont on pourrait allonger la liste.

CONSEILS PRATIQUES

Pour nourrir la discussion critique

- Il est souvent intéressant de comparer **les mérites des deux thèses adverses.** L'une a triomphé, l'autre pas. Mais la solution écartée par l'arrêt était-elle réellement mal fondée, injuste, inopportune ? Quels auraient été ses inconvénients, ses avantages sur la solution adoptée ? Par où péchait l'argumentation repoussée ? Pourquoi n'a-t-elle pas convaincu les juges ?
- Pensez aussi à **utiliser les introductions** : vos cours et manuels, en introduction à chaque nouvelle matière abordée, en exposent les *grands principes,* les *fondements juridiques et extra-juridiques.* Contrairement à ce qu'estiment beaucoup d'étudiants, ces remarques générales ne sont pas à négliger. Elles sont même indispensables pour *connaître l'esprit général de chaque matière, les intérêts à équilibrer, le sens des évolutions.* Elles vous serviront aussi à *relier les différentes questions entre elles, à comprendre et à apprécier la cohérence d'une matière.*
- Utilisez enfin, bien entendu, tous les éléments d'appréciation que vous aurez glanés au fil de votre étude dans des **notes de jurisprudence** (on y trouve de bons modèles de discussion critique) et dans la doctrine (ils sont relevés dans votre inventaire des éléments de discussion).

3. Troisième question : Quelles sont les incidences juridiques et extra-juridiques de l'arrêt ? Quel est son rôle dans l'évolution ultérieure de la jurisprudence (portée de l'arrêt) ?

❑ **Si l'on vous soumet un arrêt ancien, classique ou se rattachant à une jurisprudence connue,** on attend de vous des précisions sur les conséquences et le rôle qu'a *effectivement eu* cette solution ou cette interprétation depuis qu'elle est intervenue. Vous trouverez des éléments de réponse dans vos cours et manuels, dans les notes de jurisprudence (ou les conclusions) qui accompagnent souvent les arrêts importants, ou encore dans des traités.

Voyez comment les auteurs situent un arrêt dans l'évolution de la jurisprudence, et comment ils en évaluent les incidences réalisées ou futures. Si l'arrêt est classique, relevez les conséquences qui lui sont partout reconnues.

Un jour d'examen, vous devrez faire appel à vos connaissances sur l'évolution générale de la jurisprudence. Il vous sera utile d'avoir révisé la jurisprudence et la documentation étudiées en travaux dirigés.

❑ **S'il s'agit d'un arrêt récent**, que vous n'êtes pas censé connaître et que vous ne disposez pas de documents, on attend de vous quelques réflexions personnelles et judicieuses : comme le font les commentateurs dans les notes de jurisprudence, il faut *essayer de prévoir* si l'arrêt peut avoir des conséquences sur le droit positif, dans son domaine, et même dans des domaines voisins, et s'il jouera un rôle, important ou faible, dans l'évolution de la jurisprudence sur la question.

Naturellement, les conséquences et le rôle d'une décision dépendent :
– de son **genre** : une décision novatrice aura plus d'incidences qu'une décision-application ;
– puis de son **autorité** : un *arrêt de la Cour de cassation* ou du Conseil d'État aura plus d'incidences qu'une décision de juridictions inférieures (et un arrêt cassation encore plus qu'un arrêt de rejet) ;
– puis de sa **valeur** : une *décision cohérente* avec les principes et autres règles qui gouvernent la matière, réalisant un *juste* équilibre des intérêts en présence, *utile, opportune,* etc., aura plus d'incidences qu'une solution qui encourt de graves critiques et risque pour cela de ne pas être maintenue.

Pour guider vos réflexions et vos recherches, **voici comment procéder dans quelques cas typiques :**

1) La décision-application

Ce peut être aussi bien un arrêt de la Cour de cassation qu'une décision des juges du fond. Vous l'avez trouvée conforme au droit positif antérieur, et vous avez discuté les mérites de cette solution bien établie.

La seule conséquence que l'on peut reconnaître à une décision de ce type est de renforcer encore la position acquise. On peut s'en féliciter, ou bien le regretter et souhaiter une évolution.

• *Notez* cependant que toute décision de justice présente l'intérêt d'appliquer les principes *à un cas particulier nouveau.* Il est rare que la situation de fait soit exactement la même que celle des prédécents. On a donc souvent une illustration nouvelle à présenter.

- En outre, *si la décision n'est pas récente, vous connaissez l'évolution ultérieure du droit positif* sur la question et vous devez en dire un mot.

La solution de l'époque s'est-elle maintenue ou a-t-elle subi une évolution ? A-t-elle été consacrée, ou au contraire, condamnée par une disposition légale ?

- Enfin, il peut être intéressant de mentionner brièvement si les mêmes solutions sont appliquées *dans des cas voisins*.

Mais ne vous étendez pas outre mesure sur ces cas voisins pour ne pas sortir du sujet.

Dans ce cas de la décision-application, ne prévoyez pas de faire une partie du commentaire sur les incidences de l'arrêt : en général quelques lignes suffiront. C'est plutôt l'**exposé du régime applicable** qui doit être privilégié.

2) Un arrêt de principe ou un revirement reconnu

L'arrêt émane de la Cour de cassation, du Tribunal des conflits ou du Conseil d'État ; il est cité comme une étape de la jurisprudence, car il a fixé l'interprétation d'un texte, posé un principe ou contribué à une construction jurisprudentielle.

L'étude de sa **portée** doit constituer *une part importante de votre commentaire*. Mais le travail vous est facilité car vous trouverez expliquées dans les ouvrages ainsi que dans les notes ou les conclusions qui l'accompagnent les conséquences de la jurisprudence inaugurée par cet arrêt, ainsi que l'évolution ultérieure.

Un jour d'examen, il faut avoir les connaissances suffisantes pour **reconnaître l'arrêt et le replacer dans l'évolution de la question**. Précisez les points suivants :

❑ **La solution nouvelle est-elle appelée à s'appliquer souvent, à régir un grand nombre de cas ?**

> Par exemple :
> un arrêt de principe selon lequel la responsabilité de la puissance publique est soumise à des règles spéciales et relève de la compétence administrative, a posé des principes qui ont régi, par la suite, des milliers de litiges.
> Un revirement de jurisprudence selon lequel un jeune enfant peut commettre une faute civile est aussi appelé à de nombreuses applications.

❑ **La solution nouvelle entraîne-t-elle des conséquences juridiques importantes ?**
Oui, si elle entraîne l'application de *tout un régime juridique* (c'est-à-dire d'un ensemble de règles).

> **Par exemple :**
> décider que la responsabilité encourue par un grand magasin à l'égard des personnes qui y subissent un accident est de nature délictuelle, entraîne l'application à ces cas de tout le régime de la responsabilité délictuelle.
> Ou bien décider que tels biens seront considérés comme des meubles entraîne l'application de toutes les règles propres au régime des biens mobiliers.

Ces conséquences juridiques essentielles d'une solution nouvelle sont expliquées dans vos cours et dans vos documents. Il faut les comprendre, les apprendre, et les relever pour votre commentaire. Un jour d'examen, vous devrez vous souvenir des principales.

La solution a-t-elle été étendue à d'autres situations voisines, ou pourrait-elle l'être ?

> **Par exemple :**
> certaines solutions adoptées pour la responsabilité du médecin ont-elles été appliquées à des professions paramédicales ?

❑ **A-t-elle eu des incidences extra-juridiques ou pourrait-elle en avoir ?**
Une nouvelle solution juridique a presque toujours des retentissements sociologiques, économiques, sociaux, etc. (v. *supra* la discussion critique).

❑ **La solution est-elle toujours en vigueur ? S'est-elle maintenue longtemps ? Quel est le sens de l'évolution postérieure ou de l'évolution prévisible ? A-t-elle été consacrée par des dispositions légales ?**

Ces précisions sont nécessaires pour montrer la portée d'un arrêt de principe.

3) Les autres décisions

L'arrêt à commenter n'est pas une décision-application. Il s'écarte des solutions acquises, apporte une précision d'interprétation, innove quelque peu. Mais il s'agit d'une décision des juges du fond, ou en tout cas d'un arrêt qui ne présente pas les caractères de l'arrêt de principe : la nouvelle interprétation est énoncée incidemment dans le cours du raisonnement, comme un simple motif de droit.

À votre niveau, la recherche des incidences d'une décision de ce type est délicate. On ne vous reprochera pas d'être prudent et bref sur ce point. L'important est de bien montrer en quoi consiste l'**apport nouveau**, ou la **différence d'interprétation** par rapport aux solutions antérieures.

La discussion critique doit être approfondie, car les prévisions sur les incidences ultérieures de la décision dépendent beaucoup de sa valeur.

Posez-vous les questions indiquées pour l'arrêt de principe : vous pourrez probablement apporter des réponses à certaines d'entre elles.

CONSEILS PRATIQUES

Exercez-vous progressivement à étudier le rôle et les incidences d'une décision

Pour un débutant surtout, c'est la question la plus délicate du commentaire. Mais c'est aussi celle qu'on vous pardonnera le mieux d'avoir traité brièvement.

Au cours de l'année, exercez-vous à utiliser les notes et commentaires pour déterminer les incidences des arrêts que vous étudiez.

À l'examen
- *En présence d'un grand arrêt connu,* qui vous a été expliqué, vous devez être capable d'en retracer de mémoire le rôle et les conséquences.

- *En présence d'une décision que vous ne connaissez pas :*
– remarquez sa date ;
– remarquez si elle émane de la Cour de cassation (Assemblée plénière, Chambre mixte ou bien une chambre ; arrêt de rejet ou de cassation) ;
– remarquez si elle contient un attendu de principe (en tête de l'arrêt, il est exprimé plus solennellement que dans le corps de l'arrêt) ;
– puis essayez de la situer dans l'ensemble de la jurisprudence sur la question que vous êtes censé connaître :
– pensez à utiliser les annotations du code sous les textes visés par l'arrêt.

III. Le plan

Vous trouverez ci-après cinq plans-types ou schémas destinés à vous aider à construire vos premiers commentaires d'arrêts.

CONSEILS PRATIQUES

Comment utiliser les plans-types

Ces plans ne sont pas – et loin de là – des formules sacramentelles, ni même des formulaires à remplir pour un succès assuré. Ce sont des outils de travail que vous devez dominer pour les utiliser à votre guise, les adapter, les façonner.

- **Les rubriques des plans correspondent à celles du travail préparatoire** (v. p. 131 à 145). C'est le résultat de vos recherches et de vos réflexions que vous y ferez entrer.

Si vous avez pris soin de dresser, au fur et à mesure de la préparation, des inventaires clairs et complets sur des fiches distinctes (analyse, droit positif, confrontation, discussion critique, etc.), les diverses rubriques se placeront facilement dans le plan général choisi, et dès que vous aurez un peu d'expérience, vous n'aurez plus besoin de faire de brouillon.

- À condition de n'oublier aucun ingrédient nécessaire au commentaire de votre arrêt, vous pouvez même choisir des parties, des sous-parties dans chaque plan.

Mais ne faites pas de redites et restez logique dans la progression (par exemple, on ne discute pas avant d'avoir analysé).

- Vous n'êtes *pas obligé de remplir toutes les subdivisions : adaptez le plan* en supprimant une rubrique pour laquelle il n'y a rien à dire (par exemple, la procédure antérieure lorsqu'il s'agit d'un jugement de première instance).

En vue de l'examen, il est important que vous connaissiez bien vos plans, et les diverses rubriques qu'ils contiennent. Face à l'arrêt à commenter, une foule de questions vous viendront à l'esprit. Votre commentaire sera plus exact, plus riche et plus vite fait. Et même si vous adoptez un plan de fond plutôt qu'un plan-

> type, vous saurez mieux le remplir, et vous éviterez l'écueil de réciter le cours en laissant de côté la décision à commenter.
> Naturellement, le meilleur moyen pour assimiler ces plans n'est pas de les apprendre bêtement par cœur, mais *de les avoir déjà pratiqués en cours d'année.*

PLAN

I – LES DONNÉES DU LITIGE, II – L'ISSUE DU LITIGE

Ce plan constitue un guide détaillé pour les débutants : il permet une étude un peu scolaire mais facile. Il convient mal à une décision-application car il amène alors à des redites.

Il donne une large place à l'analyse, mais très peu de place à la discussion critique. Il convient donc surtout à des décisions assez *complexes,* mais *peu critiquables.*

INTRODUCTION : présentation rapide de la décision

– Date.
– Juridiction.
– Domaine général et sujet précis.
– Intérêt et actualité de la question.

I – LES DONNÉES DU LITIGE

A – Le problème posé

– Faits : exposé chronologique et détaillé.
– Procédure : l'assignation, les étapes antérieures à l'arrêt.
– Thèses en présence : prétentions et arguments (de fait et de droit) des parties.
– Devant la Cour de cassation : examen détaillé de la position de l'arrêt attaqué et des moyens de cassation invoqués par le pourvoi.
– Le problème de droit posé par l'espèce, formulé de manière abstraite, mais précise.

B – Éléments de solution
- Les textes légaux et les principes applicables ou invoqués.
- La position de la jurisprudence antérieure.
- Les opinions doctrinales diverses.

Citer précisément des textes, des arrêts, des auteurs. En dégager la position du droit positif sur le problème de droit.

II – L'ISSUE DU LITIGE

A – Contenu de la décision

1. Sens de la décision
- Solution apportée au problème de droit :
  - choix de la règle applicable,
  - interprétation de la règle applicable.
- Issue du litige pour les parties.

2. La motivation
- Motifs de fait ⎫
- Motifs de droit ⎬ contenus dans la décision.
- Principes, théories, arguments sur lesquels est implicitement fondée la décision.

B – Portée de la décision

1. Confrontation de la décision avec le droit positif antérieur
Éventuellement détermination de ce qu'elle apporte ou modifie.

2. Incidences
- **Si la décision est la plus récente en la matière**, prévisions sur :
  - ses conséquences juridiques dans son domaine et dans des domaines voisins ;
  - le rôle qu'elle peut jouer dans l'évolution de la jurisprudence.
- **Si la décision n'est pas la plus récente**, analyser :
  - les conséquences qu'elle a effectivement eues dans son domaine et dans des domaines voisins ;
  - le rôle qu'elle a joué dans l'évolution de la jurisprudence.

CONCLUSION

Brève appréciation favorable, défavorable ou réservée, fondée sur des arguments précis d'ordre juridique, économique, moral, etc.

PLAN

I – ANALYSE, II – DISCUSSION

Ce plan est sans originalité, mais facile et très complet. Il convient surtout à une décision délicate à analyser, prêtant à discussion, mais ne tranchant qu'*une seule question*.

INTRODUCTION : présentation de la décision
- Date.
- Juridiction.
- Domaine général et sujet précis.
- Intérêt et actualité de la question.

I – ANALYSE

A – Le litige
- Faits : exposé chronologique et détaillé.
- Procédure : l'assignation, les étapes antérieures à l'arrêt.
- Thèses en présence : prétentions et arguments (de fait et de droit) des parties.
- Devant la Cour de cassation : examen détaillé de la position de l'arrêt attaqué et des moyens de cassation invoqués par le pourvoi.
- Le problème de droit posé par l'espèce, formulé de manière abstraite mais précise.

B – La décision

1. Sens de la décision
- Solution apportée au problème de droit :
  - choix de la règle applicable,
  - interprétation de la règle applicable.
- Issue du litige pour les parties.

2. La motivation
- Motifs de fait   ⎱
- Motifs de droit   ⎰ contenus dans la décision.
- Principes, théories, arguments sur lesquels est implicitement fondée la décision.

3. Incidences de la décision
- **Si la décision est la plus récente en la matière,** prévisions sur :
  - ses conséquences juridiques dans son domaine et dans des domaines voisins ;
  - ses incidences extra-juridiques possibles.
- **Si la décision n'est pas la plus récente :** analyser les conséquences immédiates et les incidences lointaines qu'elle a effectivement eues dans les domaines juridiques et extra-juridiques.

II – DISCUSSION

A – Confrontation de la décision avec le droit positif

1. Exposé du droit positif
- Les textes légaux et les principes applicables.
- La position de la jurisprudence antérieure.
- Les opinions doctrinales diverses.
   Citer précisément des textes, des arrêts, des auteurs.
   En dégager la position du droit positif sur le problème de droit.

2. Examen de la position de la décision commentée au regard du droit positif
- Déterminer précisément si elle apporte ou modifie quelque chose.
   Est-ce :
   - un revirement,
   - une solution nouvelle,
   - une évolution marquée, ou légère,
   - ou bien une décision-application ?
- Qu'apporte-t-elle ou que modifie-t-elle exactement ?
- Situer l'innovation au regard de la doctrine et de la jurisprudence antérieures.

B – Appréciation critique

Examen :
- de la solution,
- de sa motivation,
- de ses incidences.

1. Sur le plan logique et juridique,
- logique et exactitude du raisonnement du juge,
- justice, équilibre des intérêts en présence,
- utilité, opportunité.

2. Sur les plans :
- économique,
- social,
- moral, etc.

C – Évaluation du rôle de la décision dans l'évolution de la jurisprudence sur la question
- **Si la décision est la plus récente en la matière**, tenter de prévoir :
  - si la solution se maintiendra,
  - si la décision fera jurisprudence (selon son autorité et sa valeur).
- **Si la décision n'est pas la plus récente** : analyser le rôle qu'elle a effectivement joué en la confrontant avec la jurisprudence, la doctrine, des réformes législatives postérieures.

PLAN

I – SENS, II – PORTÉE, III – VALEUR

Il s'agit d'un plan-type très classique (trop ?).

Ce plan donne une large place à l'explication du sens de la décision, il convient donc à une solution *complexe* dont il est important de bien élucider le sens.

Il donne une très large place (deux grandes parties) au commentaire lui-même, il convient donc à un arrêt *important, novateur,* dont il est intéressant d'apprécier la portée et de discuter les mérites. Mais il est difficile pour un débutant qui s'initie seulement au commentaire.

INTRODUCTION : présentation rapide de la décision et du litige
- Domaine général et sujet précis.
- Intérêt et actualité de la question.
- Faits.
- Procédure. ⎫ résumés
- Prétentions des parties. ⎭
- Nature et date de la décision commentée.

I – SENS DE LA DÉCISION

A – Le problème posé

1. Examen détaillé des arguments des parties
Devant la Cour de cassation :
- L'arrêt d'appel.
- Le pourvoi.

2. Le problème de droit posé par l'espèce, formulé de manière abstraite, mais précise.

B – La décision

1. La solution apportée au problème
- Choix de la règle applicable.
- Interprétation de la règle.
- Issue du litige pour les parties.

2. La motivation
- Motifs de fait   ⎱ contenus dans la décision.
- Motifs de droit   ⎰
- Principes, théories, arguments sur lesquels est implicitement fondée la décision.

C – Confrontation de la décision avec le droit positif

1. Exposé du droit positif
- Les textes légaux et les principes applicables.
- La position de la jurisprudence antérieure.
- Les opinions doctrinales diverses.
    Citer précisément des textes, des arrêts, des auteurs.
    En dégager la position du droit positif sur le problème de droit.

2. Examen de la position de la décision commentée au regard du droit positif
– Cerner précisément et expliquer ce que la décision apporte aux règles et solutions en vigueur, ou en quoi elle les modifie.

II – PORTÉE DE LA DÉCISION

A – Influence sur le droit positif

1. Examen de l'autorité de la décision
Préciser si elle émane :
– des juges du fond (1re instance ou appel),

- ou de la Cour de cassation, puis :
  - formation (Ass. plén., Ch. mixte...),
  - cassation ou rejet,
  - attendu de principe isolé du texte,
  - généralité de la formule,
  - originalité, nouveauté de la formule.

2. Situer la solution au regard de la jurisprudence antérieure
Revirement, évolution, précision, apport, etc. ou solution dissidente.

B – Incidences ultérieures de la décision
- **Si la décision est la plus récente en la matière**, prévisions sur :
  - ses conséquences juridiques dans son domaine et dans des domaines voisins ;
  - ses incidences extra-juridiques possibles.
- **Si la décision n'est pas la plus récente** : analyser les conséquences immédiates et les incidences lointaines qu'elle a effectivement eues dans les domaines juridiques et extra-juridiques.

C – Rôle et place dans l'évolution de la jurisprudence postérieure
- **Si la décision est la plus récente en la matière**, tenter de prévoir :
  - si la solution se maintiendra ;
  - si la décision fera jurisprudence (selon son autorité et sa valeur).
- **Si la décision n'est pas la plus récente** : analyser le rôle qu'elle a effectivement joué, en la confrontant avec la jurisprudence, la doctrine ou des réformes législatives postérieures.

III – VALEUR DE LA DÉCISION – APPRÉCIATION CRITIQUE
Examen :
- de la solution,
- de sa motivation,
- de ses incidences.

1. Sur le plan logique et juridique
- logique et exactitude du raisonnement du juge,
- justice, équilibre des intérêts en présence,
- utilité, opportunité.

2. Sur les plans :
- économique,
- social,
- moral, etc.

PLANS « DE FOND »

Construits d'après les divers aspects des questions tranchées

Ces plans ne sont pas propres au commentaire d'arrêt. Ils se construisent comme des plans de dissertation (v. *supra* des exemples de plans techniques classiques).

Ils conviennent mieux à une décision *complexe en droit* dont les éléments peuvent être facilement subdivisés.

Ils conviennent très bien à une *décision-application* : dans chaque subdivision, on expose les règles et solutions en vigueur et on en montre l'application à l'espèce.

Comme ils laissent peu de place à l'analyse, ils sont peu adaptés aux espèces dont les faits sont à la fois importants et très complexes.

Ces plans de fond requièrent une certaine habileté pour faire entrer dans les subdivisions tous les ingrédients indispensables au commentaire d'arrêt : exposé du droit positif, confrontation de la décision avec ce droit positif, discussion critique, étude des incidences. Le danger à éviter est de trop s'éloigner de la décision à commenter.

INTRODUCTION : analyse résumée de la décision

– Nature et date de la décision.
– Domaine général et sujet précis.
– Intérêt et actualité de la question.
– Faits.
– Procédure. ⎱ résumés
– Prétentions des parties. ⎰
– Sens de la décision prise, seulement indiqué.
– Annonce des deux (ou trois) aspects) intéressants de la question tranchée : *c'est l'annonce du plan*.

> **Par exemple :**
> I – Domaine d'application de la règle. II – Exception à la règle
> *ou*
> I – Appréciation. II – Sanctions
> *ou*
> I – Contenu. II – Mise en œuvre, etc. (v. *supra*).

PLAN

I – EXAMEN DU 1ᵉʳ PROBLÈME,
II – EXAMEN DU 2ᵉ PROBLÈME

C'est un plan général à utiliser sans hésitation *chaque fois que la décision à commenter tranche deux problèmes bien distincts*. (On peut faire trois parties s'il y a trois problèmes, mais pas davantage ; au-delà, il faut regrouper les questions pour que le plan ne soit pas un catalogue).

INTRODUCTION : présentation du litige et de la décision
– Domaine général et sujets précis.
– Intérêt et actualité des questions.

– Faits.
– Procédure. ⎫ résumés
– Prétentions des parties. ⎭
– Nature, juridiction, date de la décision.
– Annonce des deux (ou trois) problèmes tranchés, *c'est l'annonce du plan*.

I et II : 1ᵉʳ et 2ᵉ problèmes (donner des intitulés)

En « chapeau » de chaque partie : la position du problème
– Examen des deux argumentations adverses. Devant la Cour de cassation : l'arrêt attaqué et le moyen de cassation.
– Le problème de droit formulé de manière abstraite mais précise.

    Chacune des parties doit ensuite être subdivisée, soit selon un « plan de fond », soit selon un plan analyse-discussion ou encore sens-portée-valeur.

CONSEILS PRATIQUES

Pour la présentation du commentaire d'arrêt

Ne faites pas *apparaître* toutes les subdivisions des plans : elles sont trop détaillées.

- L'introduction peut être soit courte, soit très longue (selon les plans), mais aucune subdivision ne doit y être marquée. Vous la rédigerez soigneusement et *de manière liée* (c'est-à-dire sans sous-titres).
- Donnez des *intitulés aux grandes parties* (et si vous le désirez, aux sous-parties). Essayez, dans la mesure du possible, « d'habiller » le plan en trouvant des titres plus particulièrement appropriés à la décision (ou à la matière) que les intitulés passe-partout des plans-types.
- Pour marquer les subdivisions suivantes, allez seulement *à la ligne,* en annonçant de quoi vous allez parler.

    Par exemple :
    « La jurisprudence est restée longtemps hésitante... »
    « Quant à la doctrine... »
    « En définitive le droit positif admet donc... »

- Au terme d'un exposé ou d'un raisonnement un peu long, il est bon d'en ramasser l'essentiel en une ligne ou deux, puis de faire une petite transition adroite pour mener à l'étape suivante.
- ***Les conseils de présentation et de rédaction donnés supra, pour la dissertation sont également valables pour le commentaire d'arrêt.***

CHAPITRE 7

Le cas pratique et la consultation

Ne soyez pas l'étudiant...

– *affolé par un énoncé un peu embrouillé et qui ne s'aperçoit pas que le cas pratique pose une question qu'il connaît bien*
– *qui assène des réponses sans les justifier*
– *qui récite son cours sans proposer aucune solution nette*
– *qui conclut que les parties peuvent régler le problème par un arrangement amiable.*

LES CLÉS

Que vous demande-t-on ?
On ne vous demande pas lequel des protagonistes vous semble dans son bon droit, ou quel arrangement vous paraîtrait équitable.

On vous demande de trouver la solution *imposée* par la loi ou, plus largement, par le *droit positif* en vigueur ; autrement dit, la solution qu'apporterait un *tribunal* si le cas lui était donné à juger. Vous devez découvrir les règles applicables et les mettre en œuvre **comme si vous étiez le juge.**

Un exercice de précision
Puisque la solution d'un cas pratique ne s'invente pas, des connaissances précises sont nécessaires pour parvenir à des réponses exactes. N'essayez pas de résoudre un cas avant d'avoir appris et compris la matière théorique sur laquelle il porte.

Il faut connaître les **règles de droit,** leurs conditions d'application, leurs effets, leurs exceptions, sans oublier les détails tels que la durée des délais, etc. Il faut savoir quelle est la position de la **jurisprudence récente,** et pour cela, avoir étudié quelques arrêts, ce qui est d'ailleurs d'autant plus utile que les énoncés de cas pratiques reproduisent souvent (à quelques nuances près) des cas d'espèces relevés dans la jurisprudence.

Il faut avoir acquis une certaine familiarité avec la *terminologie,* afin que les mots employés dans l'énoncé ne restent pas vides de sens, mais éveillent des échos, déclenchent des associations d'idées, suggèrent des solutions possibles.

En un mot, il faut être *précis* et *attentif à* tous les détails.

Un exercice peu formaliste
Ne cherchez pas de plan subtil ; le cas pratique est un exercice simple, qui n'obéit à aucune règle de forme particulière. Il s'agit seulement **de répondre, dans l'ordre, aux questions posées.**

Une méthode de raisonnement valable pour toute réponse
On attend de vous une réponse qui soit à la fois *précise* et *raisonnée*. Une solution non justifiée par un raisonnement juridique serait sans valeur pour le correcteur. Et, de même, une argumentation ou

un exposé de connaissances qui ne déboucherait pas sur une réponse précise à la question posée resterait inachevé.

Donc :
- **pas de solution sans un raisonnement,**
- **pas de raisonnement sans une solution.**

Et pour justifier clairement la solution, la meilleure méthode est celle du raisonnement juridique classique :
1. Qualification juridique des faits.
2. Règles applicables.
3. Solution.

Nous retrouverons cette démarche logique tant dans la recherche des solutions que dans la motivation des réponses.

Pour concrétiser les conseils donnés, nous raisonnerons sur un exemple. La recherche d'une solution laisse place à l'intuition, le raisonnement juridique est abstrait, et des conseils purement théoriques risqueraient donc d'être inintelligibles. Cet exemple relève du droit civil, et plus précisément, de la nullité des actes juridiques.

> **Le cas-exemple :**
> Gaston veut absolument acquérir un terrain appartenant à sa voisine Jeanne. Celle-ci refuse de vendre, mais il la harcèle, et la menace de lui faire perdre son emploi. Effrayée, elle finit par consentir à la vente qui a lieu le 7 octobre 1999 pour un prix de 100 000 F.
> En 2000, le terrain est intégré dans une zone à urbaniser et sa valeur est multipliée par 6.
> Jeanne, ayant conscience d'avoir fait une très mauvaise affaire, s'adresse à vous en juin 2004 pour savoir s'il existe des moyens de récupérer la propriété de son terrain.

I. La recherche d'une solution

A. La lecture de l'énoncé

Lisez l'énoncé du cas pratique au moins deux fois, de bout en bout, lentement et de manière articulée.

❑ Faites preuve de **sang-froid** : il est parfaitement normal de ne pas tout comprendre à la première lecture et, à plus forte raison, de ne pas voir tout de suite de solution. Après un effort de mise en ordre, tout va s'éclairer.

❑ Faites preuve d'**objectivité** : ne vous laissez pas obnubiler d'entrée par la première idée ou la première piste qui vous vient à l'esprit. Notez-la, mais toute réponse demande à être vérifiée. Ne croyez pas non plus que chaque question renferme un piège : une solution évidente n'est pas automatiquement à exclure !

❑ Faites preuve d'**attention** : remarquez les termes, les dates, les chiffres, les détails.

Examinez en particulier la manière dont sont posées les questions : cela vous renseignera sur le genre d'exercice pratique qui vous est soumis :
– une *question assez vaste* demande une réponse développée (du genre *consultation juridique*) :
– *plusieurs petites questions* demandent des réponses précises et plus concises.

B. L'analyse du cas

1. Schématiser les faits

L'énoncé raconte une petite histoire, qui n'est pas toujours claire dès la première lecture; elle peut même apparaître fort embrouillée. Pour comprendre l'énoncé :

❑ faites apparaître la **chronologie des événements**, soit en les relevant *dans l'ordre,* soit, au besoin, par un schéma : tracez la *ligne du temps* et portez-y la date de chaque événement, des actes juridiques, la durée des délais, etc.

Dans l'exemple :

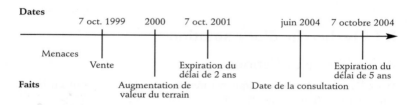

❑ Faites apparaître les **rapports des personnes entre elles** : un schéma du genre *arbre généalogique* est souvent utile pour clarifier les rapports de famille.

❑ Faites apparaître la **configuration des lieux** : un plan montrant les circonstances d'un accident, ou bien la situation de deux propriétés voisines est plus parlant qu'une description.

Vous serez surpris de constater à quel point ce petit travail de schématisation vous aidera à comprendre les faits, à vous les mettre en tête, à raisonner à leur propos.

2. Découvrir et situer les questions

Lorsque la situation de fait décrite dans l'énoncé vous apparaît clairement, essayez de **la rattacher à des notions et à des mécanismes juridiques** décrits dans telle ou telle partie du cours.

Les situations présentées, les termes employés tant dans l'énoncé que dans la question posée, vous guideront dans ce premier effort de rattachement et déjà de qualification.

Dans l'exemple :
l'*énoncé* relate les circonstances ayant entouré la conclusion d'un contrat de vente. Les termes « menace » et « consentir » en particulier, vous aiguilleront sur la violence, vice du consentement : une « mauvaise affaire » faite par un vendeur d'immeuble évoque la lésion.
Et comme, *dans la question*, on demande s'il existe des moyens pour la venderesse de récupérer son terrain, vous êtes conduit à *envisager*, comme moyens susceptibles de faire tomber le contrat, soit une annulation pour violence, soit une rescision pour lésion.

Naturellement, ces associations d'idées ne pourront se faire que si *vous connaissez la matière théorique* tant dans son esprit que dans sa terminologie. Sinon l'énoncé ne vous évoquera rien.

Cet effort de rattachement, assez intuitif, vous permet de découvrir *des voies de solution à explorer,* et vous indique donc quelles sont les **questions de droit** qu'il va falloir « creuser » pour vérifier, ou au contraire écarter ces solutions.

C. L'étude des questions de droit

Reportez-vous au cours et au manuel.

Vous envisagez de mettre en œuvre telles règles, tels mécanismes juridiques. Il faut en connaître précisément :
– les **conditions d'application,** pour voir si elles coïncident exactement avec circonstances de l'énoncé ;
– les **effets,** pour voir s'ils conduisent bien au résultat recherché.

Précisez vos connaissances sur l'ensemble du régime applicable sans oublier que le droit positif ne se limite pas aux dispositions légales. Les grands principes du droit, les solutions jurisprudentielles actuellement en vigueur, etc., en font aussi partie.

Dans l'exemple :
on envisage de mettre en œuvre les règles de l'annulation d'un contrat pour violence. Quel est le régime juridique de cette annulation ? Revoyez le chapitre sur la **violence,** ainsi que le chapitre sur la nullité relative, ses conditions et ses effets.
– *Définition de la violence vice du consentement :* des menaces inspirant la crainte, présentant un caractère illégitime, et ayant pesé de manière déterminante sur le consentement.
– *Conditions de la nullité relative :* celle-ci ne peut être demandée que par la personne protégée. Délai de prescription de l'action : 5 ans.
– *Effets de la nullité :* mise à néant rétroactive du contrat, restitutions des prestations.
– On pense aussi à la **lésion** et l'on se reporte au régime de la rescision.
– *Définition de la lésion :* préjudice résultant d'un déséquilibre entre les prestations.

– *Conditions de la rescision :*
  - lésion de plus des 7/12ᵉ subie par le vendeur d'un immeuble ;
  - on prend en compte la valeur de l'immeuble au moment du contrat de vente ;
  - pour agir, le vendeur a un délai préfix de 2 ans à compter de la vente.
– *Effets de la rescision :* mise à néant rétroactive du contrat et restitutions des prestations (à moins que l'acheteur ne paye le supplément du juste prix).

CONSEILS PRATIQUES

Récapitulez l'ensemble du régime applicable

Il est bon, ici encore, de noter l'**inventaire très résumé, mais complet, des règles applicables.** On ne risque plus ainsi d'oublier une condition d'application du régime que l'on se propose de mettre en œuvre. Car, si une seule de ces conditions n'est pas remplie dans le cas d'espèce, la solution envisagée est bien entendu à écarter.

Lors d'une *épreuve sans document,* il faudra récapituler de mémoire l'état du droit positif sur les questions dégagées.

Votre effort de mémoire sera plus efficace et vous risquerez beaucoup moins d'oublier quelque chose *si vous consacrez quelques instants à vous remémorer l'ensemble de la question et à en noter l'inventaire.*

Concentrez-vous sur la question de cours, sans plus penser à votre cas pratique et efforcez-vous d'en faire le tour de façon aussi complète que possible.

La récapitulation écrite constituera un instrument de travail précieux, d'abord pour la découverte et la vérification des solutions, puis pour la rédaction de l'exposé des règles applicables.

D. La vérification des solutions envisagées

Retournez à l'énoncé du cas, aux analyses et aux schémas que vous en avez tirés. Il faut maintenant examiner au regard l'un de l'autre le cas pratique et les règles :
– Les circonstances de fait décrites dans l'énoncé correspondent-elles avec les conditions d'application que vous avez recensées ?
– Les effets conduisent-ils au résultat recherché ?

Comparez point par point très soigneusement les exigences légales et l'énoncé.

Dans l'exemple :
– **sur l'annulation de la vente pour violence :**
Les menaces subies par Jeanne correspondent à la définition légale de la violence. Elles paraissent avoir été déterminantes.
- Jeanne est la personne protégée : elle peut invoquer la nullité relative.
- Le délai de prescription de cinq ans ne sera écoulé qu'en octobre 2004. En juin 2004 il reste donc trois mois pour agir en nullité.
- L'annulation de la vente aura pour effet la restitution du terrain à Jeanne.

Donc une action en nullité pour violence constitue une bonne solution : c'est un moyen *possible* et *approprié* pour récupérer le terrain.

– **sur la rescision de la vente pour lésion :**
- D'abord, le délai préfix de 2 ans pour agir en rescision est écoulé, ce qui rend l'action irrecevable.
- Et, au surplus, le déséquilibre entre les prestations n'existait pas au moment du contrat. La vente n'était pas lésionnaire, puisque le déséquilibre n'est apparu qu'ultérieurement.

Donc, il est impossible d'intenter une action en rescision pour lésion. Cette solution est totalement exclue.

De cette confrontation entre les circonstances de fait et les règles du droit positif naissent vos réponses : vous avez trouvé une solution satisfaisante, mais vous découvrez que l'autre voie, un moment envisagée, est en réalité fermée.

Il vous reste maintenant à exposer ces réponses.

II. La motivation des réponses

Les réponses que vous apporterez successivement à chaque question du cas pratique doivent être soigneusement motivées, justifiées. **C'est sur l'exactitude et la rigueur de ce raisonnement juridique que vous serez principalement jugé.**

Le raisonnement consiste à tirer la solution de l'application des règles de droit, en ayant préalablement justifié le choix et l'application de ces règles par une qualification juridique exacte de la situation.

Dans toutes les réponses doivent donc figurer ces trois composantes du raisonnement juridique :
1. Qualifications juridiques.
2. Règles applicables.
3. Solution.

Nous verrons par la suite comment les intégrer dans la construction générale du devoir (v. *infra*), mais veillez à ce qu'on les retrouve toujours toutes les trois.

A. Qualifications juridiques

Qualifier, c'est nommer en termes juridiques. On qualifie des faits, ou une situation, en les exprimant en termes juridiques et abstraits, afin de les rattacher aux cas prévus et réglementés par la loi.

La première phase du raisonnement consiste donc à traduire en termes de droit les *faits* et la *question* contenus dans l'énoncé, **pour passer du plan du cas concret au plan d'une situation juridique et d'un problème de droit.**

1. La qualification juridique des faits

C'est elle qui permet d'exposer la situation juridique sur laquelle on va raisonner. Pour présenter l'exposé des faits, au début du devoir, exprimez-vous donc en juriste. Il est sans intérêt de reprendre textuellement l'énoncé, ou de le paraphraser maladroitement.

❑ Exposez les faits :
– par ordre chronologique,
– et en nommant les personnes, les actes, les événements en *termes juridiques et abstraits.*

Utilisez la terminologie des textes applicables, de la jurisprudence relative à la question, de vos cours et manuels (cela suppose naturellement qu'elle vous soit devenue familière).

❑ En exposant ainsi la situation juridique, préparez la suite du raisonnement. *Posez des questions,* mais ne prenez surtout pas parti sur la solution (qui devra être tirée des règles applicables à cette situation).

> **Dans l'exemple :**
> un contrat de vente d'immeuble.
> • Des incidents entre les cocontractants au moment de la formation du contrat : le consentement de la venderesse est donné après des menaces et sous la crainte. N'aurait-il pas été vicié par la violence ?
> • Le contrat est cependant exécuté.
> • Quelques mois après la convention, la valeur de l'immeuble vendu augmente considérablement. La venderesse se sent lésée.
> Mais son cas entre-t-il dans la réglementation étroite de la rescision d'une vente pour lésion ?

2. La qualification juridique de la question posée

Elle permet de dégager et de formuler un ou plusieurs problèmes de droit. Elle n'est nécessaire que quand la question n'est pas déjà formulée en termes techniques et précis.

> **Dans l'exemple :**
> si on vous avait demandé : « La vente est-elle annulable ? », il aurait suffi d'indiquer les causes de nullités à examiner. Mais on vous demande : « Par quels moyens Jeanne peut-elle récupérer son terrain ? ». Il y a lieu de transposer la question en termes plus juridiques et plus précis.
> Pour récupérer la chose vendue, il faut faire tomber la vente. Comment faire tomber un contrat ? Deux moyens existent :
> – la résolution pour inexécution ; mais, en l'espèce, le contrat a été exécuté de part et d'autre ; cette voie est donc exclue ;
> – la *nullité* pour inobservation d'une condition légale de formation du contrat.
> La formulation juridique de la question devient donc : le contrat de vente *est-il annulable*, soit pour violence soit pour lésion ?

D'une demande de conseil, d'une question posée en langage courant, ou en termes vagues (du genre « quels sont ses droits, de quels moyens dispose-t-il, que peut-il faire ? »), **vous tirez donc une ou plusieurs questions de droit, précises, bien circonscrites,** auxquelles l'exposé des règles applicables va répondre.

Pour être parfaitement clair et précis, aboutissez à la *formulation de problèmes de droit,* posés en termes abstraits et concis (comme dans un commentaire d'arrêt) :

> **Dans l'exemple :**
> deux problèmes sont à examiner :
> 1. Les conditions d'une annulation pour violence sont-elles réunies ?
> 2. Les conditions d'une rescision pour lésion sont-elles remplies ?

B. Règles applicables

La deuxième phase du raisonnement consiste en une description et une explication des règles applicables à la situation juridique que vous venez de dégager. Ce sont ces règles qui apportent les principes de solution et qui justifient vos réponses.

Cet examen du droit positif portera sur :
– les *textes* légaux et réglementaires :
– la *jurisprudence :* référez-vous à quelques arrêts (classiques ou récents) appliquant ou interprétant ces textes ;
– la *doctrine :* mentionnez éventuellement une théorie ou une opinion ayant marqué le droit positif.

Prenez soin, en décrivant le régime applicable, de *montrer vos connaissances* sans toutefois vous éloigner du problème à résoudre.

Expliquez de manière approfondie les points de droit utiles à la solution mais n'indiquez que très brièvement ceux qui ne font pas de difficulté en l'espèce (sur le point de savoir jusqu'où il convient de développer les réponses, v. *infra*).

Cet exposé des règles applicables peut être plus succinct si les questions du cas pratique sont nombreuses et si vous disposez de peu de temps pour justifier chaque réponse. Si, au contraire, vous n'avez à résoudre qu'une ou deux questions, vous développerez davantage l'explication des règles et l'étude de la jurisprudence. Mais conservez à l'exercice son aspect pratique, ne vous étendez pas sur des questions doctrinales, ni sur des évolutions historiques.

C. Solutions

La dernière étape consiste à tirer les conclusions du raisonnement en appliquant les règles de droit au cas d'espèce. On aboutit ainsi aux *solutions imposées par le droit positif*.

Dans la dernière partie de votre devoir, vous devez apporter des *solutions nettes et explicites* à un double niveau :

❏ **Au plan juridique et abstrait,** donnez réponse aux problèmes de droit que vous avez dégagés plus haut. Expliquez de manière claire et convaincante la solution tirée des règles exposées, la décision que prendrait un tribunal saisi de l'affaire.

❏ Puis **au plan concret,** répondez à la question pratique posée : donnez une réponse ou un conseil concret et précis.

Dans l'exemple :
– sur la violence : expliquer qu'*en droit*, les conditions d'une annulation de la vente paraissent réunies :
  • la menace de perdre son emploi est grave et paraît avoir déterminé le consentement de la venderesse (sous réserve de l'appréciation du juge) ;
  • le délai de prescription de l'action en nullité n'est pas écoulé.
Pratiquement, vous conseillerez à Jeanne d'intenter rapidement – avant trois mois – une action en nullité de la vente pour violence, et de réunir des preuves des menaces dont elle a fait l'objet. *Elle a des chances sérieuses d'obtenir la nullité et donc de récupérer la propriété du terrain.*
– sur la lésion : *en droit*, indiquez qu'une action en rescision est totalement inenvisageable :
  • d'abord, parce que le délai préfix de deux ans est écoulé depuis le 7 octobre 2001, ce qui rend l'action irrecevable,

- ensuite, parce qu'un déséquilibre apparu postérieurement à la conclusion du contrat ne constitue pas une lésion.

Concrètement, expliquez à Jeanne que la réglementation de la rescision pour lésion est restrictive et que son cas n'y entre pas. Il ne suffit pas de se sentir « lésé » pour pouvoir invoquer une lésion.

❏ **Une appréciation des solutions,** exprimée en quelques phrases, peut conclure élégamment le devoir.

Vous pouvez approuver ou regretter la *solution* à laquelle conduit l'application du droit positif.

Vous pouvez approuver ou critiquer les *règles applicables,* ou encore les expliquer, en dégager l'esprit, les avantages ou les inconvénients. Mais ne donnez pas une appréciation purement intuitive, justifiez-la toujours par des arguments solides. Vous trouverez dans la *doctrine* (notes de jurisprudence en particulier) des éléments de discussion.

Dans l'exemple :
quelques considérations sur le fait que la protection du consentement est mieux assurée par notre droit que celle des intérêts pécuniaires des contractants seront bienvenues, si elles témoignent d'une certaine culture juridique.

III. Construction

A. Schéma d'un cas pratique comportant plusieurs questions

INTRODUCTION
- Domaine général dans lequel se situe le cas pratique.
- Exposé des faits,
  - dans l'ordre chronologique,
  - en procédant à leur qualification juridique,
  - en se limitant à ceux qui constituent les données de l'ensemble des questions.

PREMIÈRE QUESTION
Transposition de la question en termes juridiques (si nécessaire) et formulation d'un ou plusieurs problèmes de droit (concis et abstraits).
Réponse au premier problème :
- Qualification juridique des faits pertinents pour cette réponse.
- Règles applicables : exposé du droit positif.

– Solution :
  • solution du problème de droit,
  • réponse concrète.
Réponse à un deuxième problème (s'il y a lieu) : même raisonnement.
DEUXIÈME QUESTION : même raisonnement.
TROISIÈME QUESTION : même raisonnement.

B. Schéma d'un cas pratique ne comportant qu'une question (consultation)

INTRODUCTION
– Domaine général dans lequel se situe le cas pratique.
– Exposé des faits :
  • dans l'ordre chronologique,
  • en procédant à leur qualification juridique.
– Transposition de la question en termes juridiques.
– Formulation du ou des problèmes de droit à résoudre.
– Annonce du plan.

I – RÈGLES APPLICABLES (ou principes de solution)
– Textes et grands principes.
– Jurisprudence (quelques mots sur l'évolution, puis explication des solutions actuelles).
– Doctrine.

II – SOLUTION (ou réponse)
– Exposé et explication de la solution.
  • solution du problème de droit dégagé ;
  • réponse ou conseil concret adressé au « client ».
– Appréciation, discussion :
  • de la solution,
  • des règles applicables.

Éventuellement, pour une deuxième réponse écartant une autre solution, et/ou proposant une solution subsidiaire, le plan sera le même.

CONSEILS PRATIQUES

Comment utiliser les schémas

Dans la rédaction, ne faites pas apparaître comme intitulés « qualifications juridiques », « règles applicables », « solution ». **Efforcez-vous « d'habiller » le plan** en trouvant des titres plus élégants ou plus appropriés aux questions que vous examinez.

• Des intitulés de partie ne sont d'ailleurs nécessaires que dans un cas pratique – consultation.

• Lorsque vous résolvez successivement une série de petites questions :
– examinez-les simplement *dans l'ordre* où elles sont posées – car la solution de l'une peut commander celle des suivantes ;
– numérotez-les ;
– et faites-en apparaître la structure interne en sautant des lignes, et en *annonçant les phases du raisonnement* par des formules de ce genre :
« Le problème juridique à résoudre se pose donc ainsi... », *ou*
« Quelle est la position du droit positif sur cette question ?... », *ou*
« La meilleure solution paraît donc... » etc.

• Remarquez bien qu'*une question posée doit souvent se décomposer en plusieurs problèmes juridiques distincts* et donc recevoir plusieurs réponses qu'il convient ensuite de synthétiser.

IV. Jusqu'où étendre les réponses ?

C'est un point délicat, source de problèmes et d'incertitudes pour les étudiants.

Suffit-il d'apporter à chaque question **une** réponse, **une** solution qui mène au résultat recherché, *ou bien* le correcteur attend-il que vous étendiez votre réponse,
– soit en proposant une solution de rechange, moins adaptée, moins sûre, mais envisageable ;
– soit en écartant certaines solutions et en expliquant pourquoi elles sont impraticables.

Comment éviter à la fois l'écueil d'être *incomplet* et celui de *sortir du sujet* ?

A. Laissez-vous guider par l'énoncé

1. Exploitez tous les termes de l'énoncé

Tout cas pratique renferme une sorte d'explication de texte : vous ne pouvez négliger aucun terme de l'énoncé, aucun mot, aucune expression.
Tous ont été soigneusement pesés et choisis pour vous faire réfléchir.

Par conséquent, *vous devez aborder les points auxquels il est fait* **une allusion claire** dans l'exposé des faits ou dans la question. On attend que vous expliquiez cette allusion et que vous montriez *où elle mène :* soit à une solution *possible,* soit à une solution *à écarter.*

> **Dans l'exemple :**
> dans le second paragraphe de l'énoncé, il est question de l'augmentation de *valeur* du terrain, et de la *mauvaise affaire* réalisée par Jeanne.
> Si vous donnez comme unique réponse le conseil d'agir en nullité pour violence (solution exacte et adaptée), vous négligez ces termes. En les employant, le correcteur a voulu vous aiguiller sur la lésion, et plus largement. sur le point de savoir dans quelle mesure notre droit protège un contractant qui a fait une mauvaise affaire, par quels moyens, dans quels cas.
> On pourrait donc vous reprocher de ne pas avoir exclu explicitement la solution de la rescision pour lésion (et peut-être dit un mot de l'erreur sur la valeur) ; et ceci d'autant plus que *dans la question posée,* on vous demande s'il existe *des moyens* (au pluriel) de récupérer le terrain. Il serait donc insuffisant de n'en examiner qu'un seul.

2. Ne changez rien à l'énoncé

L'énoncé décrit une situation particulière à laquelle vous ne devez rien changer. Elle constitue la donnée de base de votre raisonnement, à vous d'adapter les qualifications et les règles applicables.
Respectez aussi scrupuleusement les termes de la question.
S'il vous semble que l'application des règles de droit *ne permet pas* d'atteindre le résultat recherché expliquez-le, mais ne modifiez ni les faits, ni la question pour pouvoir donner une réponse positive.
Ne les modifiez pas non plus sous le prétexte d'étendre les réponses en proposant une autre solution. Vous sortiriez du sujet.

3. Peut-on ajouter des suppositions à l'énoncé ?

C'est le point le plus délicat : sans modifier l'énoncé, *peut-on lui ajouter* une supposition, une précision qu'il ne contient pas ? C'est parfois indiqué, mais en faisant preuve de *prudence* et de *bon sens.*

❑ **N'inventez pas de situations ou de circonstances exceptionnelles,** n'inventez pas d'obstacles non signalés, ni pour trouver une solution, ni dans le but d'étendre vos réponses.

> **Dans l'exemple :**
> n'inventez pas qu'un des contractants pourrait être *incapable*.
> Supposez que ce qui n'est pas précisé est « normal ». C'est une question de bon sens.

❑ Lorsque l'énoncé *ne dit pas* si une condition d'application de la loi est remplie ou non, lorsqu'une date utile n'est pas précisée, en un mot, **lorsqu'un élément qui paraît indispensable à la solution envisagée manque,** quelle est la conduite à tenir ?

– *D'abord mettre en doute cette solution,* tout vérifier à nouveau, faire un effort d'imagination et de qualification en vue de la découverte d'une autre règle applicable, pour laquelle la précision manquante ne serait pas requise.

– *Si on est sûr que c'est la seule solution, raisonner sur les deux hypothèses,* celle où la condition manquante est remplie et celle où elle n'est pas remplie. Dans de tels cas, la réponse est : « tout dépend de tel point, ou de telle date » ; montrez pourquoi cette précision est importante et expliquez les résultats différents auxquels on aboutit dans l'une et l'autre hypothèse.

❑ **Enfin, peut-on présenter une solution subsidiaire fondée sur une supposition ?** Pour étendre la réponse, il peut être intéressant de *signaler, en fin de devoir, qu'au cas où telle condition serait remplie,* telle autre voie serait ouverte.

Si la supposition n'est pas saugrenue, mais *vraisemblable,* si la suggestion de cette solution de rechange est faite adroitement et à bon escient, elle témoignera de votre culture, de votre esprit juridique et ne pourra qu'être mise à votre actif. Personne ne saurait vous reprocher d'explorer une autre voie, à la condition que cela vienne vraiment *en plus* des réponses indispensables, et non pas à leur place.

> **Dans l'exemple :**
> après avoir proposé l'action en nullité pour violence, après avoir exclu la rescision pour lésion, il peut être intéressant de suggérer comme autre cause de nullité le dol par réticence.
> Il faut pour cela faire une supposition : imaginer que Gaston savait que le terrain allait prendre de la valeur, qu'il voulait l'acquérir pour celle raison, et qu'il l'a sciemment caché à Jeanne. Cette raison de son insistance est très plausible. Une telle supposition ne contredit en rien l'énoncé et même *elle l'explique ;* c'est pourquoi elle est admissible.
> Pour explorer cette voie, il faut se montrer adroit et prudent et rattacher la situation à la jurisprudence actuelle sur le dol par réticence.

B. Laissez-vous guider par le genre de l'exercice

Souvent, c'est le *genre du cas pratique* qui vous est soumis, ou bien la *manière dont les questions sont posées,* qui vous indiqueront jusqu'où étendre vos réponses. Voici quelques conseils de bon sens :
– À question précise, réponse précise.
– À question plus ouverte, réponse plus étendue.

> **Dans l'exemple :**
> on demande « s'il existe des *moyens* »... une seule réponse, l'examen d'un seul moyen, serait insuffisant.

– Si le cas pratique se présente sous la forme d'une *consultation* ne comportant qu'une question, il convient d'*étendre les réponses* pour explorer toutes les voies possibles.
– Si, au contraire, le cas se présente sous la forme d'une *liste de petites questions,* répondez-y par une *liste de réponses concises* (mais cependant justifiées).
– Enfin, **sachez gérer le temps qui vous est imparti**. Ne passez pas des heures à faire des suppositions et à chercher des solutions de rechange si vous n'avez pas déjà trouvé une *bonne solution* et exploité à fond l'énoncé du cas.

C. L'art d'indiquer sans développer

Cet art que l'on peut appeler aussi « *l'art de montrer ses connaissances sans sortir du sujet* » mérite qu'on s'y exerce.

Ne vous étendez jamais sur des points qui ne sont pas directement utiles à la solution. Mais saisissez toutes les occasions de laisser paraître vos connaissances en une phrase *brève* et *concise*. Une expression bien choisie, l'*usage de la terminologie exacte* suffit à montrer que l'on domine la matière.

> **Dans l'exemple :**
> il n'y a pas lieu de se lancer dans des développements à propos des personnes pouvant invoquer la nullité relative et de la doctrine de Japiot et Gaudemet sur les titulaires du droit de critique. Ce serait des digressions hors sujet puisque, en l'espèce, cela ne pose aucune difficulté.
> Mais lorsque vous examinez si les conditions pour invoquer la nullité sont remplies, ne passez pas ce point sous silence : relevez au passage que : « la venderesse est bien la personne que la règle violée avait pour but de protéger et qu'elle est donc titulaire du droit de critique ». En deux lignes, vous montrez votre culture.

D'une manière générale, lorsque vous hésitez sur le point de savoir si telle ou telle question entre ou non dans le sujet, lorsque vous vous demandez *jusqu'où éten* vos réponses, vous pouvez toujours avoir recours à ce système d'*indications concises, précises, non délayées.*

CONSEILS PRATIQUES

La marche à suivre pour résoudre un cas pratique

- *Avoir appris et compris* la matière sur laquelle porte le cas pratique (si possible, avoir aussi étudié quelques décisions de jurisprudence sur la question).
- *Lire attentivement* l'énoncé, et clarifier les faits par des schémas.
- *Préciser* progressivement la ou les questions de droit qui se posent et, pour cela,
- *se reporter aux cours* et aux manuels pour avoir une vue précise du droit positif sur la question (ou bien le récapituler de mémoire).
- *Confronter* soigneusement les règles applicables et les circonstances de fait décrites dans l'énoncé, afin de vérifier tous les éléments de la réponse envisagée.
- *Construire* le devoir en respectant l'ordre des questions.
- *Rédiger* chaque réponse en faisant toujours figurer les qualifications juridiques et les règles applicables *avant* la solution.

CHAPITRE 8

Le commentaire de texte

Ne soyez pas l'étudiant...

– *qui considère le commentaire de texte comme une planche de salut pour celui qui ne sait rien*
– *qui ne sait pas lire, ne veut pas lire, et d'ailleurs n'a jamais eu la curiosité de lire ni la Constitution, ni un article du Code civil*
– *qui paraphrase, redit, développe, répète, amplifie le contenu du texte..., mais n'y ajoute rien*
– *qui laisse le texte sous son coude et se lance dans une dissertation.*

LES CLÉS

Qu'est-ce qu'un commentaire de texte ?

Toutes sortes de textes peuvent être donnés à commenter :
- des textes législatifs :
  - lois, articles des codes,
  - articles de la Constitution,
  - règlements,
  - dispositions d'une loi étrangère ou d'une convention internationale,
  - projets de loi, etc.
- des textes de doctrine : citation d'un auteur,
- des documents de la pratique,
- des extraits de débats parlementaires, etc.

Quel que soit le texte qui vous est soumis, l'exercice consistera toujours :
- à faire preuve de connaissances,
- à faire preuve d'un certain savoir-faire dans l'analyse du texte,
- à faire preuve d'habileté pour exposer vos connaissances en les rattachant toujours au texte.

Les deux écueils à éviter

– **Paraphraser le texte**, c'est-à-dire se contenter de redire, moins bien et plus longuement, tout ce qu'il contient, sans rien y ajouter.

Vous devez *ajouter* une quantité d'informations au contenu du texte. Chaque mot, chaque phrase constitueront un point de départ vers de nouveaux développements.

– **Laisser le texte de côté** et faire une dissertation sur le sujet. Veillez à vous *référer constamment au texte*. Vos connaissances doivent être exposées *à propos* d'une phrase, d'une expression du texte. Prenez le réflexe de toujours en partir et y revenir.

Avoir appris et faire état de ses connaissances

Nombreux sont les textes dont le commentaire vous est fourni dans vos cours et manuels (articles de la Constitution, du Code civil, etc.). L'exercice se rapproche alors de l'exposé d'une question de cours et vous demande seulement un effort de mise en forme et de construction.

Si l'on vous soumet un texte qui n'a pas été spécialement étudié, votre premier travail doit consister à *le situer* dans la matière et à *le rattacher* à des questions traitées dans le programme. Ce peut être, par exemple, un décret pris en application d'un texte de loi qui a été étudié, ou un passage de doctrine exprimant une opinion ou une théorie qui ont été expliquées. Prenez connaissance du texte avec assez d'attention et de sang-froid pour y reconnaître la réglementation ou des idées que l'on vous a décrites. Puis faites état de toutes vos connaissances sur la question pour étoffer le commentaire et éviter la paraphrase.

I. La préparation

Elle débute naturellement par une *première lecture* du texte. C'est une prise de connaissance, sans approfondissement pour l'instant. L'approfondissement se fera progressivement et méthodiquement, au cours de la préparation qui va comporter trois phases :
- d'abord, vous *examinerez le texte* « *de l'extérieur* » ;
- puis vous y *pénétrerez,* et vous en *approfondirez* graduellement l'analyse :
- enfin, vous *élargirez* vos commentaires à tout l'environnement juridique du texte (et de chacune de ses dispositions).

A. L'examen descriptif

Ne vous plongez pas d'emblée dans le texte, examinez-le d'abord, et réunissez sur lui ces quelques informations essentielles qui constituent la « *mise en situation du texte* ».

❑ **Quel est ce texte et d'où provient-il ?**
- nature (loi, décret, texte doctrinal...) ;
- origine ou auteur (Code civil, Premier ministre, Montesquieu...) ;
- date ;
- localisation de l'extrait dans le texte ou l'ouvrage d'où il est tiré (s'il y a lieu).

❑ **Quel est son domaine général ? et son objet précis ?**

❑ **Comment se présente-t-il ?**
- dimension,
- divisions apparentes.

B. L'analyse du texte

Elle suppose *plusieurs lectures approfondies,* car cette analyse doit être menée à *divers niveaux successifs.* En lisant, *annotez* votre texte, *divisez-le* par des crochets, *soulignez* les termes à expliquer.

1. Étudiez la structure du texte

Comment le texte est-il bâti ? Comment a-t-il été conçu ?

❑ **Structure typographique et grammaticale**
Remarquez les divisions en paragraphes ou alinéas, ainsi que la ponctuation (surtout si le texte est bref).

Ces divisions sont importantes car elles indiquent souvent le plan du texte, que vous devrez vous efforcer de suivre pour le commenter.

❑ **Structure logique**

Remarquez le genre de propositions ou de dispositions contenues dans le texte.

Trouve-t-on par exemple :
– la définition d'une situation, puis la règle qui régit cette situation,
– une règle, puis ses exceptions ?

Détectez les énumérations (liste limitative ou non), les exclusions (sauf...).

Si le texte contient une argumentation ou un *raisonnement,* notez les *arguments* dont il est fait usage : par exemple, raisonnement par déduction ou par induction, argument *a fortiori* ou *a contrario.*

Cette étude de la structure logique est un travail d'**interprétation du texte.** S'il s'agit d'un texte législatif, vous devrez y rattacher les éventuelles interprétations jurisprudentielles ou doctrinales.

2. Étudiez la terminologie

Les mots, les expressions employés, doivent être minutieusement analysés.

Dans un texte bref surtout, chaque mot (par ex. *peut, doit),* chaque préposition (par ex. *et, ou*), chaque adverbe (par ex. *expressément, habituellement*) est à remarquer et à expliquer.

❑ Les **termes techniques**, les expressions juridiques seront définis très précisément (par ex. *effet rétroactif,* à l'article 2 du Code civil).

❑ Les **termes de la langue courante** demandent aussi à être expliqués en fonction du contexte (par ex. *silence ou obscurité de la loi,* à l'article 4 du Code civil).

❑ Faites ressortir les **mots clés,** les **concepts clés** : souvent c'est à propos d'un mot ou d'une expression qu'ont été élaborés des systèmes, des théories doctrinales ou des constructions jurisprudentielles (par ex. *ordre public* à l'article 6 du Code civil).

Les termes sont alors si chargés de sens qu'ils feront à eux seuls l'objet d'une partie du commentaire. Car, derrière les mots, on atteint tout de suite le contenu du texte.

3. Étudiez le sens du texte

Dégagez, formulez, explicitez le contenu du texte :
Quelle situation vise-t-il ?
Quel système institue-t-il ? Quelles règles édicte-t-il ?
Quelles notions y sont définies ? ou impliquées ?
Quelles idées y sont exprimées ? ou critiquées ? etc.

Vous devez dégager et expliciter non seulement la *signification générale* du texte à commenter, mais aussi celle *de chacune de ses parties prise séparément*.

Si la structure du texte ne peut pas vous fournir le plan du commentaire, vous devrez tirer un plan du contenu du texte, c'est-à-dire des idées essentielles qui y sont exprimées.

C. La recherche de l'environnement juridique du texte

C'est la recherche d'éléments de commentaire extérieurs au texte, mais qui en constituent l'environnement intellectuel et juridique. Un texte n'est jamais un élément isolé. Il fait partie d'un vaste ensemble cohérent, et on ne peut le comprendre et l'expliquer qu'à la lumière de son environnement, en montrant comment il s'insère dans le droit positif, dans la pensée juridique, dans l'évolution des mœurs et des idées, etc.

Vous trouverez donc ci-dessous les *questions à vous poser* pour éclairer l'environnement juridique d'un texte ; elles peuvent se répartir dans trois directions :
– *En amont du texte*, afin de le rattacher à ce qui l'a précédé et inspiré.
– *Parallèlement au texte*, afin de le relier à des dispositions ou à des opinions complémentaires ou comparables.
– *En aval du texte*, pour en expliquer les incidences de toutes sortes.

Il s'agit naturellement d'un *catalogue de questions,* destiné à guider vos recherches et à nourrir votre commentaire, *mais non d'un plan* : ne livrez pas vos réponses dans cet ordre. D'ailleurs, il n'y a pas lieu de répondre à chacune de ces questions pour tout commentaire de texte. Adaptez à chaque texte votre examen de son environnement juridique.

Enfin, comprenez bien que ces questions peuvent concerner non seulement le texte dans son ensemble, mais aussi chacune de ses *dispositions prises séparément*.

Par exemple :
un texte législatif édicte une règle et son exception ;
– à propos de la *règle*, il peut être intéressant de développer ses fondements, l'intention du législateur, sa finalité,
– à propos de l'*exception*, il peut y avoir lieu d'insister sur une interprétation jurisprudentielle et des théories doctrinales.

1. En amont du texte

❑ Les **origines** et les **fondements** (d'un texte législatif dans son ensemble, ou de l'une de ses dispositions, ou d'une opinion) :
– De quelle théorie ou philosophie s'inspire-t-il ?
– Sur quels principes généraux ou supérieurs est-il fondé ?
– Quelles sont les origines historiques du texte, ses sources ?
– Par quel courant d'idées ou d'opinion a-t-il été inspiré ?

❑ La **finalité** (d'un texte législatif, de l'une de ses dispositions ou encore d'une théorie doctrinale) :
– Quelle est l'intention du législateur *(ratio legis)* ? ou de l'auteur ?
– Montrez l'objectif poursuivi, l'idée de base.

❑ **Au cas de dispositions législatives récentes**
– Quelles sont les raisons de l'intervention du législateur ?
– Qu'apporte le texte (ou la disposition nouvelle) au droit antérieur ?
– S'il s'agit d'une réforme, que change-t-elle au droit antérieur ?
– Ces dispositions ont-elles été inspirées, réclamées par la doctrine, par un courant d'opinion ?
– Consacrent-elles ou, au contraire, condamnent-elles une jurisprudence antérieure, ou une pratique, ou des mœurs ?

2. Parallèlement au texte

– Existe-t-il des dispositions complémentaires – que le texte y fasse référence ou non – (des exceptions en particulier) ?
– Existe-t-il des dispositions ou des opinions voisines ?
– Trouve-t-on des dispositions ou des opinions comparables
  • dans d'autres domaines ?
  • à l'étranger ?

3. En aval du texte

❑ Les **interprétations jurisprudentielles** (d'un texte législatif dans son ensemble, ou de l'une de ses dispositions, ou de l'un de ses termes) :

– Le texte a-t-il été appliqué par la jurisprudence, ou interprété, ou déformé ?
– Comment, pourquoi ?

❏ Les **appréciations critiques** (d'un texte, d'une disposition ou d'une opinion) :
– A-t-il été approuvé ou critiqué par la doctrine, par l'opinion publique ?
– Quels en sont à votre avis les intérêts, les avantages, les inconvénients ? (Justifiez précisément votre opinion).

❏ La **portée**, les **incidences** (d'un texte, d'une disposition, d'une opinion) :
– Est-il appliqué, entre-t-il en pratique ?
– A-t-il des incidences juridiques, économiques, politiques, sociales ?
– Dans quel domaine les incidences sont-elles positives ? ou négatives ?
– L'abrogation du texte ou bien sa modification ont-elles été demandées ?

II. Le plan

A. Suivre le plan du texte

En règle générale, **un commentaire de texte se construit selon le plan du texte lui-même.**

Les règles de forme ne sont donc pas aussi strictes que celles de la dissertation juridique :
– Le plan peut comporter plus de deux parties, jusqu'à trois ou quatre, si le texte se subdivise en trois ou quatre parties nettement distinctes (au-delà, efforcez-vous d'opérer les regroupements qui sont sûrement possibles).
– Il n'est pas nécessaire d'équilibrer rigoureusement les subdivisions du commentaire : si certaines parties du texte présentent plus d'intérêt et appellent plus d'explications que d'autres, vous pouvez leur donner une place plus importante.

B. Comment construire le commentaire

❏ **Si le texte est bref** et ne comporte qu'une seule phrase, prenez appui sur la *structure* grammaticale et logique de cette proposition ou même sur les *mots clés*.

❏ **S'il est plus long,** *suivez les divisions* en alinéas, en articles (regroupés s'il y a lieu) ou en paragraphes.

❏ Si vraiment *il est impossible de trouver un plan* dans la structure du texte (ce qui est rare), recherchez un plan *dans son contenu,* dans les notions dont il traite, les idées qui y sont exprimées. Dans ce cas, veillez à ce que votre plan recouvre l'ensemble du texte et vous permette de le commenter en totalité sans cependant vous en éloigner.

Le plan « analyse-commentaire », possible pour le commentaire d'arrêt, est ici *à proscrire absolument.* Ne séparez jamais l'analyse du texte des développements sur son environnement juridique.

❏ Toutes les connaissances dont vous ferez état, **toutes les explications que vous donnerez doivent être placées dans le commentaire de telle partie du texte, de telle phrase, de tel mot.**

Cela demande un travail de construction assez délicat, car vous devez répartir judicieusement dans le commentaire du texte tous les matériaux que vous avez réunis durant votre travail préparatoire.

Il n'existe pas de plan-type, puisque c'est dans chaque texte que se trouve la « grille » de son commentaire. Mais vous apprendrez vite à repérer la structure des textes, qui est souvent fort simple.

> **Par exemple :**
> règle – domaine d'application ; opinion – critique, etc.

L'INTRODUCTION : UN SCHÉMA COURANT

Il existe (en revanche) un *schéma d'introduction* qui s'impose dans la plupart des cas, car il consiste en une indispensable *présentation du texte* (correspondant à l'examen descriptif par lequel a débuté votre travail).

❏ **Mise en situation du texte**
– nature (loi, décret, texte doctrinal...) ;
– origine ou auteur (Premier ministre, Aubry et Rau...) ;
– date ;
– localisation d'un extrait dans le texte ou l'ouvrage d'où il est tiré (s'il y a lieu).

❏ **Domaine général du texte, puis sujet précis**
Indications très générales sur l'environnement juridique du texte (en excluant tout ce qu'il est possible de rattacher à telle ou telle partie du texte).

❑ **Structure d'ensemble**
– dimensions ;
– divisions apparentes (en articles, alinéas ou paragraphes) ;
– plan du texte.

❑ **Annonce du plan de commentaire**
Si vous ne tiriez pas votre plan de la structure du texte (ce qui est toujours préférable) faites précéder l'annonce du plan d'une annonce des *idées essentielles* du texte.

CONSEILS PRATIQUES

La marche à suivre

- *La première lecture du texte* attentive, mais rapide, est destinée à prendre connaissance principalement de :
  – sa nature et son origine ;
  – sa date (information capitale) ;
  – son sujet.

- *Étudiez ou récapitulez de mémoire la question* sur laquelle porte le texte en vous efforçant de la *situer* le plus précisément possible dans l'ensemble de la matière.

- *Retournez au texte pour l'analyser.* En le *lisant,* vous devez en même temps l'*annoter,* et inscrire sur une feuille de brouillon l'inventaire de toutes les idées, les pistes, les questions qui se présentent à votre esprit. Progressez très lentement et reprenez le texte de bout en bout, plusieurs fois, jusqu'à ce qu'il soit parfaitement « décortiqué » et compris.

CHAPITRE 9

La note de synthèse[*]

Ne soyez pas l'étudiant...

– *qui expose ses connaissances*
– *qui propose son appréciation personnelle sur le sujet*
– *qui oublie objectivité et neutralité*
– *qui néglige un ou plusieurs documents*
– *qui se contente d'un bref résumé.*

---

[*] Ce chapitre est l'œuvre de M. le Bâtonnier François Detton, Directeur des études à l'Institut d'études judiciaires de l'Université Paris 13.

LES CLÉS

Cette épreuve imposée à l'examen d'entrée à l'école du Barreau ainsi qu'au concours d'accès à l'École nationale de la Magistrature, et que l'on retrouve dans d'autres filières juridiques et économiques ou dans des concours administratifs, est souvent redoutée des étudiants. C'est en effet un exercice particulier dont la technique ne peut être confondue avec aucune de celles traditionnellement demandées aux étudiants en Droit et exposées dans cet ouvrage (commentaire d'arrêt, cas pratique, etc.).

Il faut donc aborder cet exercice avec *méthode*. Pour y réussir l'*entraînement* est capital. Avant l'épreuve elle-même vous devez avoir fait plusieurs notes de synthèse.

Ce que l'on attend de vous

On vous remet un *dossier d'une trentaine de pages* comportant divers documents et vous avez cinq heures pour composer une note de synthèse en *quatre pages et demie maximum* (une copie plus une page recto). *Il faut être bref.*

La synthèse doit

– réduire à une forme simple les documents proposés, en les utilisant tous mais en *sélectionnant* les informations,
– reprendre les *idées directrices* qui y sont contenues,
– en proposer une *articulation logique*.

La synthèse ne doit pas

– *faire état de vos connaissances* théoriques ou pratiques sur la question. Vous pouvez être confronté à un sujet sur lequel vous ne disposez d'aucune compétence particulière sans que cela vous pénalise,
– *faire état de vos propres opinions;* vous devez montrer une parfaite objectivité et ne jamais prendre position,
– *consister en un ou des résumés* de document. Regrouper, sélectionner, classer, articuler les informations n'est pas résumer, c'est faire preuve d'esprit de synthèse.

I. La préparation

A. La prise de contact avec le dossier

1. Le sujet qui vous est imposé

Le dossier comporte généralement un intitulé

Par exemple :
« La prévention et la répression des infractions commises par les mineurs notamment en milieu scolaire »

Le sujet est *juridique* ou *à dominante juridique*. Il n'y a donc pas de document où la terminologie soit inconnue ou très éloignée de la matière juridique.

❏ Si le sujet est purement juridique la note sera purement technique.

❏ S'il est accompagné de considérations périphériques – philosophiques, sociologiques, économiques... – la note devra *révéler la diversité des approches du sujet.*

Il peut arriver que l'intitulé ne soit pas formulé. Cette difficulté est facilement surmontable car le thème se dégage tout naturellement après la phase de lecture.

Cependant, un intitulé est utile car il sert de guide.

2. Le dossier qui vous est remis

Après une liste numérotée des documents vous y trouverez :
– de la jurisprudence,
– de la doctrine,
– des commentaires,
– des textes légaux ou réglementaires avec parfois leurs circulaires d'application ou des travaux préparatoires,
– des articles de presse spécialisée ou non.

Le dossier comprend une trentaine de pages (20 à 40 selon la plus ou moins grande facilité de lecture).

3. Les documents à classer

❏ Regroupez les documents *par catégorie* – jugements, arrêts, doctrine, presse, textes légaux – en n'hésitant pas à dégrafer le dossier.

❏ Classez-les *chronologiquement,* dans chaque catégorie, du plus récent au plus ancien. La chronologie importe notamment pour les réformes législatives et pour les évolutions jurisprudentielles.

Une analyse rapide de chaque catégorie permet de situer le sujet avec précision si vous ne disposez pas d'un intitulé.

De grands thèmes peuvent déjà apparaître à ce stade : notez-les sur une feuille séparée.

4. Dans quel ordre aborder les documents ?

Commencez par ceux dont la lecture est plus facile et terminez par les plus ardus. *Réservez toujours les textes de loi pour la fin.* Lisez d'abord les articles de presse, la doctrine puis la jurisprudence. Il est bon de *lire toutes les décisions de jurisprudence à la file* pour pouvoir les comparer précisément.

B. L'analyse de base

1. Lisez attentivement en soulignant et en annotant

Entreprenez calmement la lecture active (v. *supra*) de chaque document. Tous contiennent une ou généralement plusieurs informations sur le sujet. Ces informations peuvent être relatives au même aspect de la question ou à des aspects différents.

– **Vous devez dégager toutes les informations contenues par le document** en soulignant ou en surlignant les passages qui se rapportent au sujet de la note.

– **En même temps vous devrez déterminer le thème (l'aspect de la question) dont traite chaque information.**

Vous pouvez travailler directement *sur le document* ou bien *sur des fiches séparées.* La meilleure technique est de combiner ces deux procédés, ce qui vous facilitera grandement la suite de votre travail, la synthèse et le plan.

Simultanément donc :

❏ *Notez en marge du document en quelques mots le thème de chaque information.* Surtout ne recopiez pas un membre de phrase mais inscrivez quelques mots qui forment l'intitulé de l'information (cf. l'exemple ci-dessous).

❏ *Établissez une fiche par thème avec un titre générique.* Vous y reporterez toutes les informations qui s'y rattachent, sans oublier les références aux documents. Il faut, avec les documents ou avec les fiches, pouvoir retrouver tous les thèmes abordés, tous les aspects de la question traités, pour permettre ensuite la synthèse.

❏ *Dans une décision de jurisprudence*, faites ressortir principalement
- la juridiction dont elle émane,
- sa date,
- le problème de droit posé,
- la solution retenue.

Faites figurer la décision sur la fiche dont le titre se rapporte exactement au problème posé.

À la fin de cette phase de lecture, l'ensemble de vos fiches constitue un véritable *répertoire regroupant toutes les informations contenues dans le dossier*. Chaque information est notée avec la référence du document.

Par exemple :
sujet de la note de synthèse : « La prévention et la répression des infractions commises par des mineurs notamment en milieu scolaire ».

DOCUMENT N° 1
Note du Parquet de Bobigny
La lutte contre la violence en milieu scolaire

Ces formes de violence grave, qui apparaissent en milieu scolaire, préoccupent depuis longtemps les responsables d'établissements scolaires et plus largement les instances et professions concernées par les problèmes de justice et d'ordre éducatif. Il apparaît nécessaire cependant que pour des faits, qui sont à l'évidence du ressort de la loi, les chefs d'établis-sements puissent utilement faire appel à la Police et à la justice. Le Parquet de Bobigny a depuis la rentrée scolaire mis en œuvre le traitement en temps réel des affaires pénales concernant les mineurs, permettant ainsi de prendre en connaissance de cause et en un temps très court, les mesures éducatives ou répressives nécessaires. Après plusieurs réunions communes, il a été convenu de faciliter la mise en œuvre de relations privilégiées entre, d'une part, les Proviseurs, les Principaux des établissements scolaires, l'Inspection Académique et d'autre part, le Parquet des mineurs et la Police.

1. Une collaboration justice-enseignement-police pour lutter contre la violence scolaire

I. Rappel des modes d'intervention du Parquet des mineurs

Quand les services d'enquête reçoivent une plainte, ils entendent le plaignant, les témoins et l'auteur des faits.

En application de la procédure de traitement direct ils téléphonent immédiatement au Parquet alors que le mineur est toujours dans les locaux du Commissariat ou de la Gendarmerie afin de connaître la suite donnée à la procédure.

Plusieurs possibilités s'offrent au magistrat du Parquet qui pour l'essentiel se résument de la manière suivante :

– faire présenter sans délai le mineur au Parquet, c'est-à-dire faire conduire au Parquet, par les services d'enquêtes, le mineur qui comparaît alors devant un magistrat du Parquet qui décidera :

– soit de saisir immédiatement le Juge des Enfants ou le Juge d'Instruction, pour la mise en œuvre de mesures répressives ou éducatives ;

– soit de surseoir provisoirement aux poursuites : l'affaire sera, classée définitivement si, pendant un certain temps, le mineur ne commet pas d'autres infractions et s'il accomplit l'acte de réparation nécessaire envers la victime ou le corps social.

2. Rappel de la procédure pénale et du rôle du Parquet.

– faire convoquer à brève échéance par la Police le mineur et ses parents devant le Parquet, convocation assortie ou non de certaines conditions préparatoires à l'examen de la situation du mineur. Après la comparution du mineur, le Parquet orientera la procédure conformément aux hypothèses ci-dessus exposées.

– faire convoquer à brève échéance par la Police le mineur et ses parents devant le Juge des Enfants.

– faire relâcher le mineur par les services de police et traiter la procédure qui est transmise au Parquet par courrier.

3. Une information réciproque.

4. Traitement par les autorités scolaires ou information du Parquet obligatoire.

5. Possibilité d'une relation directe avec le Parquet : l'urgence.

II. La coordination des efforts des établissements scolaires de la justice et de la police

A. La collaboration entre les établissements scolaires et le Parquet des mineurs.

1. L'information du Parquet par les chefs d'établissement

Le signalement indirect

Le Parquet d'une manière générale demeure saisi par les services de Police qui ont été eux-mêmes destinataires des signalements effectués par les responsables des établissements scolaires ou de l'Inspection Académique, il s'agit donc, pour le Parquet, d'un signalement indirect.

Il convient à ce titre de rappeler que si certains faits commis par des élèves peuvent être efficacement traités par les assistantes sociales, les conseillers d'éducation ou le conseil de discipline, d'autres doivent provoquer une réaction judiciaire immédiate. Ainsi toute agression physique, toute atteinte aux biens commis dans un établissement scolaire, tout comportement pénalement responsable révélant une volonté de ne pas reconnaître l'autorité des enseignants devraient être ainsi signalés sans délai par les chefs d'établissement à l'Inspection Académique et aux services de Police et de Justice.

Le signalement direct

Désormais les chefs d'établissement ont la possibilité après avoir saisi l'Inspection Académique de contacter directement le Parquet (en appelant le Substitut de permanence au 48.95.13.37 ou au 48.95.13.38), il s'agit donc d'un signalement direct qui devrait intervenir :

– *en cas d'urgence*
– ou d'une manière générale quand cette relation directe avec un magistrat du Parquet paraîtra opportun au Chef d'établissement et à l'Inspection Académique. Cette information du Parquet doit permettre dans certaines hypothèses de mieux apprécier la réponse à apporter aux faits délictueux.

2. La collaboration avec le Parquet en cas de conseil de discipline

Quand, suite à une infraction pénale caractérisée, un établissement envisage de procéder à l'expulsion définitive de l'auteur des faits, il est souhaitable qu'il en informe le Parquet après avoir prévenu les services de l'Inspection Académique immédiatement, au besoin par fax (48.95.13.40).

6. Un suivi judiciaire du conseil de discipline.

En effet, le Parquet est intéressé tant par la décision d'exclusion préalable au conseil de discipline que par la décision de convoquer le conseil de discipline susceptible de prononcer l'exclusion définitive. Ces informations peuvent être utilisées par le Parquet :
 – *pour mieux apprécier la suite à donner à la procédure pénale.*
 – pour requérir le cas échéant le Juge saisi de l'affaire d'ordonner à l'auteur des faits de ne plus fréquenter cet établissement scolaire et ses abords immédiats.
 – pour examiner éventuellement avec le mineur les modalités futures d'insertion scolaire ou professionnelle.

3. L'information des chefs d'établissement par le Parquet sur les suites données à leur signalement

7. Le droit de savoir les suites judiciaires par l'auteur du signalement.

Toutes décisions prises par le Parquet sur le signalement direct ou indirect des Chefs d'établissement feront l'objet, tout en respectant la confidentialité de la procédure, d'une communication à l'Inspection Académique, qui transmettra au Chef d'établissement concerné.

Les chefs d'établissement qui désirent connaître immédiatement les suites qui ont été données à une plainte peuvent s'adresser, s'ils le souhaitent, au Parquet (par téléphone, ou de préférence par fax : 48.95.13.40).

4. La non-fréquentation scolaire

L'Inspection Académique informe systématiquement le Parquet des cas de non-fréquentation scolaire qui lui sont signalés par les chefs d'établissement.

Le Parquet souhaite cependant traiter en priorité les cas de non-fréquentation scolaire qui peuvent être considérés comme le signal précoce d'une situation où un mineur s'engage rapidement dans la délinquance.

8. Un exemple de comportement non délictueux qui doit être signalé au Parquet.

Pour agir au plus tôt, le Parquet a besoin d'informations détaillées, il est donc souhaitable que la fiche de renseignements qui lui est transmise via l'Inspection Académique contienne dans toute la mesure du possible :
les renseignements justifiant l'intervention rapide du Parquet
Ex : Le mineur en train de s'intégrer à une bande connue pour ses agissements délictueux.
 – La source de ces renseignements – Ex : assistance sociale, élèves, professeurs, conseillers d'orientation.
 – Le nom de la personne qui a rédigé la fiche avec ses coordonnées et les heures où il est le plus facile de la joindre.

9. Collaboration éducateurs des services judiciaires et établissements scolaires.

B. Le suivi des mineurs pour lesquels une mesure éducative s'exerce

Les établissements scolaires comptent parmi leurs élèves, des mineurs qui font l'objet des mesures éducatives prises dans un cadre pénal (mineurs délinquants) ou civil (assistance éducative).

Le Parquet, sans ignorer les problèmes posés par le signalement de tels cas aux chefs d'établissement, pourra éventuellement demander. dans certaines hypothèses, au Juge des Enfants en charge de ces procédures que les éducateurs concernés prennent contact avec les chefs d'établissement, ceux-ci disposant sur les mineurs d'informations privilégiées. En tout état de cause, face à une dégradation rapide et notoire de la situation d'un mineur, les chefs d'établissement et l'Inspection Académique peuvent toujours informer le Parquet des mineurs.

C. Rapports entre les établissements scolaires et la police

1. Le dépôt de plainte

Les Chefs d'établissement peuvent porter plainte pour toute infraction commise au sein de leur établissement, même si la victime (professeur ou élève) n'entend pas le faire (article 40 du Code de Procédure Pénale).

10. La plainte.

Faciliter l'intervention de la police dans l'établissement.

2. L'intervention de la police en milieu scolaire

La Police peut être amenée à procéder à des interventions en milieu scolaire notamment dans le cas d'une procédure de flagrant délit. Il convient donc de faciliter la tâche et de répondre favorablement à la demande de la Police qui agit dans les cadres strictement définis par le Code de Procédure Pénale, sous le contrôle et les directives des magistrats du Parquet.

III. Les actions de formation et de prévention proposées par la police

Les établissements scolaires peuvent bénéficier :
– *des actions de formation mises en place par l'Inspection Académique.*
– des actions de prévention proposées par la Police (contacter la Direction Départementale de la Police Nationale (48.30.12.80).

11. La formation des personnels scolaires.

– des actions de prévention proposées par la Justice (contacter notamment le Parquet des mineurs).

D'autres actions sont aujourd'hui en cours d'élaboration avec le concours de l'ordre des avocats du Barreau de Bobigny (permanences juridiques notamment) et le services de l'aide sociale à l'enfance. Elles feront l'objet de notes d'information spécifique. Un premier bilan des actions entreprises sera réalisé courant juin 1993.

Le procureur de la République
& l'Inspecteur d'Académie

On a dégagé 11 informations.
Elles peuvent être réparties en 3 thèmes dont les intitulés seront :
- la collaboration entre la justice et l'éducation : 1-3-6-11-7-8 ;
- le traitement judiciaire de la violence en milieu scolaire : 2-5-9-10 ;
- les possibilités d'action autonome du milieu scolaire : 4.

CONSEILS PRATIQUES

• Vous consacrerez une feuille à chaque thème et vous y noterez, au fur et à mesure de votre lecture du dossier toutes les informations s'y rattachant. Vous serez probablement amené à découvrir d'autres thèmes, et vous ouvrirez d'autres rubriques de classement. Ayez donc suffisamment de papier.
• Pour surligner et annoter, vous pouvez choisir une couleur de référence par thème. Au moment de construire le plan, les *grandes masses* vous apparaîtront nettement.

2. Sélectionnez les informations

À cette étape il vous faut exercer un certain nombre de *choix* qui seront déterminants pour la synthèse.

Vous devez maintenant reprendre vos fiches et :
• sélectionner les informations nécessaires à la compréhension du sujet,
• établir entre elles une hiérarchie en les numérotant de façon à dégager les grands thèmes et les idées essentielles.

Il faut donc savoir choisir et savoir renoncer. Il est capital de se débarrasser des informations les plus pauvres, trop éloignées du sujet ou répétitives (vous devez rayer).

L'utilité d'une information s'apprécie en fonction du sujet de la note de synthèse uniquement et jamais en fonction de votre opinion personnelle ou de celle de l'auteur. Dans la sélection restez neutre et objectif afin de rendre compte de l'importance accordée *par le dossier* aux différents thèmes abordés.

C. La synthèse

Vous serez probablement étonné de constater la relative facilité avec laquelle vous réaliserez la synthèse pour peu que vous n'ayez rien négligé jusque-là.

Il s'agit de :
- faire ressortir les grands thèmes et les idées-forces,
- faire ressortir les liens qui peuvent exister entre eux.

Il faudra opérer des regroupements dans vos différents thèmes et surtout noter les liens ou les passerelles existant entre eux.

À ce stade vous avez réuni tous les matériaux qui vont vous permettre de construire votre note de synthèse. Un plan cohérent peut se dégager aisément.

CONSEILS PRATIQUES

La gestion du temps

- Forcez vous à respecter une méthode.
- Procédez par étapes.
- Imposez vous un temps moyen pour chacune d'entre elles.

L'épreuve dure 5 heures. Il est conseillé de répartir ce temps imparti entre les différentes phases de la préparation et de l'élaboration de la note de synthèse sans rigidité excessive car vous devrez vous adapter à la nature, au nombre et à la densité des documents.

Exemple d'une répartition moyenne :
- prise de contact avec l'ensemble des documents en les regroupant par catégories .... 10 à 15 min
- analyse de base : lecture approfondie et sélection .... 2 h 15
- synthèse .... 30 min
- plan .... 15 à 30 min
- rédaction .... 1 h 30

II. L'élaboration

A. Le plan

Le plan doit être la traduction de la synthèse, il n'est pas un commentaire de l'énoncé du sujet.

Souvent les étudiants considèrent comme impératif de proposer un plan original dont les intitulés doivent sortir des sentiers battus. Cela peut être une erreur si le sujet ne s'y prête pas. Le risque majeur est aussi de perdre du temps.

Vous devez avant tout démontrer la rigueur de votre analyse.

– Les grands thèmes vont vous donner « l'armature » de votre plan.
– C'est autour d'eux que vous devez organiser vos parties et vos sous-parties.
– La règle traditionnelle du plan en deux parties et deux sous-parties n'est pas figée compte tenu de l'existence possible de plusieurs grands thèmes.

CONSEILS PRATIQUES

- Vous ne devez plus avoir besoin de relire vos documents (sauf pour contrôler un détail technique : date, référence d'un document...),
- le plan sera sobre et rigoureux,
- partez du principe que votre lecteur ne connaît pas le sujet,
- assurez-vous que le plan n'est pas déséquilibré,
- vérifiez qu'il recoupe bien l'ensemble des informations retenues dans chaque document,
- dégagez bien l'intitulé des parties et sous-parties pour que votre copie laisse apparaître clairement votre plan.

B. La rédaction

La recherche de l'originalité du style n'est pas une fin en soi. Votre rédaction doit être *objective et claire* (les conseils de présentation et de style donnés *supra* pour la dissertation sont également valables pour la note de synthèse).

- Vous ne devez pas vous contenter de transcrire des citations tirées des documents. Éviter les guillemets.
- Ne vous contentez pas non plus d'un plan détaillé ; la note de synthèse n'est *pas un catalogue* des informations relevées.
- Composez *une articulation logique des idées* contenues dans le dossier, n'indiquez ni avis ni connaissances personnels, ne parlez pas d'une opinion doctrinale qui n'apparaît pas dans les documents.
- **L'introduction** sera courte, six lignes environ, et vous permettra d'*annoncer le sujet et les grands thèmes.*
- **La conclusion,** courte aussi, ne doit pas être votre appréciation globale du sujet traité. Au contraire, il s'agit de terminer votre note en *rappelant les aspects dominants ou les contradictions.*

CONSEILS PRATIQUES

- **Faut-il faire un brouillon ?**
  - En principe non, la rédaction de la note constitue la dernière phase de votre travail et le temps vous sera probablement compté...

- **Faut-il citer les documents ?**
  - Les correcteurs sont parfois divisés sur ce point et dans ces conditions il sera impératif de vous plier à la règle qui vous aura été recommandée ;
  - néanmoins il est préférable de citer la source des informations constituant la synthèse en indiquant simplement le titre ou le numéro du document ;
  - vous aurez ainsi la certitude de n'avoir rien oublié ;
  - vous permettrez au correcteur de vérifier la rigueur de votre lecture des documents.

L'exposé oral

Ne soyez pas l'étudiant...

— qui ne vient pas le jour où il doit faire l'exposé
— qui n'arrive pas à se relire et semble ne rien comprendre à ce qu'il dit
— qui lit son exposé à toute allure, d'une voix sans timbre et monocorde
— qui se lance sans notes, hésite à tous les mots et ne finit pas ses phrases.

LES CLÉS

L'exposé est un exercice de communication
L'exposé n'est pas une dissertation plus ou moins mal lue, mais un exercice bien particulier destiné à vous entraîner à la parole en public d'une part, et à faire profiter tout le groupe du travail de l'un des étudiants, d'autre part. C'est donc l'occasion d'apprendre à vous exprimer oralement avec aisance et sérieux. Le droit est un art d'expression et presque toutes les professions juridiques exigent de savoir parler, expliquer, convaincre.

En préparant et en disant votre exposé, pensez à votre auditoire
Ayez pour objectif :
– de vous faire *comprendre,*
– d'*intéresser* votre auditoire,
– de lui *apporter* quelque chose : une étude approfondie, une synthèse, qui constitue le fruit de votre travail et que vous avez à cœur de transmettre.
Dans cet état d'esprit, attachez-vous :
– à mettre en valeur les aspects intéressants de la question,
– à être clair,
– à vous exprimer de manière correcte et vivante.

CONSEILS PRATIQUES

Prendre ou ne pas prendre d'exposé ?

Il est rare qu'un étudiant se voit imposer un exposé. Le plus souvent, on vous proposera des sujets et des dates.

Devez-vous vous porter volontaire ?

- *Ne prenez pas d'exposé* si vous n'êtes pas *fermement résolu à le faire, et à le faire bien*. Mieux vaut ne pas se proposer, si c'est pour se dérober au dernier moment en ne venant pas, ou pour assommer l'auditoire par un travail sans intérêt ou ânonné.
- *Mais prenez un exposé* si vous êtes décidé à *tirer le meilleur parti de vos études*. C'est un exercice important dans le cadre du contrôle continu, et des études supérieures en général. Il figure d'ailleurs parmi les épreuves de nombreux examens ou concours car il est très significatif de la valeur d'un candidat. Vous avez tout intérêt à vous y entraîner.

Choisissez donc un sujet et une date en ayant conscience :
- que vous devez absolument être présent le jour prévu, car votre exposé constituera une part importante de la séance de TD ;
- que deux jours de travail au moins seront nécessaires à la préparation ;
- qu'il vous faudra intéresser ceux qui vous écouteront ; vous assumez une certaine responsabilité à leur égard.

I. La préparation

Une étude approfondie destinée à être communiquée oralement.

Comme une dissertation, un exposé se prépare par une étude approfondie des questions à traiter (v. *supra*, chapitres 4 et 5). Comme elle, il doit être bien construit et centré sur le sujet (v. *supra,* chapitre 4). Mais le texte est destiné à être dit oralement, à être compris instantanément par les autres étudiants et à retenir leur attention. Il doit donc se distinguer d'une dissertation sur certains points.

A. Les centres d'intérêt

Les centres d'intérêt ou les lignes directrices du sujet doivent être mis en relief de façon *très apparente*. Votre exposé doit s'ordonner autour d'une ou deux grandes idées qui lui donneront son unité et accrocheront l'attention. Vous rattacherez fréquemment vos développements à ces idées directrices, l'auditoire les retiendra et ne perdra pas le fil. Une impression de désordre et de décousu décourage l'attention.

B. Le plan

Le plan de l'exposé se rapproche beaucoup d'un plan de dissertation, mais il doit impérativement être *très clair*. Mieux vaut adopter un plan banal et clair (du genre conditions-effets) qu'un plan subtil et compliqué. Ceux qui écoutent et qui n'ont pas encore approfondi le sujet doivent être à même de comprendre et de noter le plan dès qu'il est annoncé.

Les intitulés des parties seront donc courts et clairs, les subdivisions nettement indiquées.

N'ayez pas peur de **marquer l'ossature de votre exposé** de manière très évidente : on doit toujours savoir exactement où l'on en est.

Au début de chaque subdivision, *annoncez* les points que vous allez traiter, et à la fin résumez-les d'une phrase avant de passer à la question suivante.

Veillez, comme dans une dissertation, à ce que les parties soient *équilibrées* et également intéressantes. Vous devez soutenir l'attention jusqu'au bout.

Et surtout, bien évidemment, *suivez* scrupuleusement le plan annoncé : l'annonce du plan et les intitulés des parties doivent parfaitement concorder.

C. L'introduction

Les premières phrases d'un exposé sont très importantes car elles donnent le ton. Un auditoire « décroche » ou s'intéresse selon la première impression. L'introduction sera donc *faite pour éveiller l'intérêt*. Elle doit être particulièrement soignée quant au fond et quant à la forme.

❏ **Un schéma courant d'introduction**
– Attaquez vivement en montrant l'*intérêt du sujet,* sur un plan sociologique ou bien pratique, ou encore politique, économique, etc.
– Passez au plan juridique, *situez* le sujet par rapport à l'ensemble de la matière, puis indiquez-en d'une phrase le particularisme, les caractéristiques.
– Quelques mots sur l'*évolution* historique (ancienne ou récente) et sur le droit comparé sont généralement bienvenus.
– Indiquez les *idées directrices,* les centres d'intérêt, les problèmes délicats, les « nœuds » de la question.
– Enfin, annoncez le plan.

L'introduction ne doit pas être plate, mais mettre en relief les points essentiels qui seront traités dans les développements. Vous devez y poser des questions, mais vous garder de donner aucune réponse ni solution de fond.

D. Le style

Pensez, en rédigeant, que vos phrases sont destinées à être dites à haute voix. Par conséquent, adoptez un *style intermédiaire entre le style écrit et le style parlé.* Évitez les longues périodes, le passé simple, les parenthèses. Faites des phrases courtes et claires, n'apportant qu'une information chacune.

Au début de chaque raisonnement ou argumentation, annoncez ce que vous voulez démontrer afin que l'auditoire sache où vous allez. Et, à la fin, tirez très explicitement la conclusion.

Pour bien « passer » oralement et permettre à l'auditoire de suivre, le style doit être *clair, lent,* au risque d'être même un peu lourd.

E. Le minutage

1. Respecter le temps imparti

Ne préparez pas un exposé d'une demi-heure si le temps de parole est fixé à dix minutes. C'est un aspect important de l'exercice que de respecter le temps imparti à deux ou trois minutes près et, à l'intérieur de ce cadre, d'être divisé en parties équilibrées.

2. Chronométrez-vous à l'avance

Vous lirez votre exposé très lentement (comme on le fait en public) au moins une fois à l'avance pour vous rendre compte de sa durée et pouvoir au besoin la modifier.

❏ **Comment allonger ?**
Ajouter des exemples concrets pris dans la jurisprudence, la pratique ou l'histoire. On ne donne jamais trop d'exemples. Raconter un cas clarifie et illustre les développements.

CONSEILS PRATIQUES

La présentation des notes

Si vos notes d'exposé sont mal préparées, peu lisibles, trop serrées, vous risquez de gâcher votre travail en ânonnant.

Vous ne pourrez mettre en valeur oralement qu'un texte bien présenté par écrit.

Des notes entièrement rédigées ou un plan très détaillé ?

Vous avez le choix, mais attention ! il est rare qu'un étudiant ait une habitude suffisante de la parole en public pour improviser des phrases correctes à partir d'un plan détaillé. Vous risquez ou bien d'être beaucoup trop bref en livrant seulement votre plan, ou bien d'avoir un style parlé, hésitant et incorrect. Il est donc *prudent de rédiger entièrement vos phrases.*

Des notes ***claires et bien écrites*** vous permettront de vous *relire d'un coup d'œil* et de *parler avec aisance*. Vous ne perdez pas votre temps en recopiant votre exposé au propre (ou en le tapant à la machine), car *vous apprenez* ainsi votre texte, ce qui est indispensable pour parler en vous détachant de vos notes.

Écrivez large, sautez des lignes, soulignez (comme font les avocats sur leurs cotes de plaidoirie). Le plan doit sauter aux yeux. Soulignez, ou mieux surlignez, les mots clés, les phrases clés. Les passages importants ou difficiles doivent être *signalés afin d'être mis en relief oralement* par un ton plus lent et plus martelé.

❑ **Comment raccourcir ?**
Évitez absolument de supprimer tous les exemples (vous deviendriez incompréhensible) ; évitez aussi de parler vite.

Résumez une discussion ou un raisonnement sur une question de moindre importance ; au besoin, sur certains points, indiquez seulement les solutions actuelles, le droit positif, en abandonnant les évolutions et les discussions.

En préparant votre minutage, prévoyez toujours que vous parlerez plus lentement en public que seul. Et choisissez d'être clair et de mettre en relief l'essentiel plutôt que d'être complet. Il vaut mieux que votre auditoire soit en mesure de comprendre et de retenir deux ou trois idées *essentielles* que d'être submergé par une nuée de détails.

II. La parole en public

Lorsque vous prenez la parole pour faire votre exposé, *quel doit être votre objectif ?*
- Pas seulement de montrer au chargé de TD que vous avez accompli **un certain travail de recherche**, de **synthèse**, de **rédaction**, etc. Faire l'exposé ne consiste pas uniquement à lire une étude approfondie au chargé de TD.
- Mais aussi fournir une prestation orale satisfaisante, **vous exprimer en public correctement,** de telle manière que votre travail soit mis en valeur par votre voix, votre ton, votre débit.
- Et encore **communiquer aux autres étudiants le résultat de votre travail,** sans leur faire perdre leur temps ni les endormir, mais d'une manière qui leur soit profitable.

Pour atteindre ces objectifs, soyez motivé, faites preuve d'une certaine assurance, et observez les trois règles de la parole en public.

A. Parler lentement et distinctement

Pour être écouté et compris sans effort :
– Parlez assez fort, *d'une voix qui porte* dans toute la salle.
– Articulez clairement tous les mots, *n'avalez pas la fin des phrases* en parlant vite ou en laissant tomber la voix ;
– *Regardez* le plus souvent possible l'auditoire, ne gardez pas la tête dans les épaules et les yeux baissés.

On vous entendra distinctement, vous serez clair et convaincant si, par toute votre attitude, **vous vous adressez directement à ceux qui vous écoutent.**

B. Lire... mais sans en avoir l'air

Chacun sait qu'un orateur qui lit ses notes endort l'auditoire. Sa voix et son débit monotones découragent l'attention. Il est désagréable à écouter et difficile à suivre.

Mais l'improvisation est difficile, surtout pour un débutant. Comment « faire passer » oralement un travail soigné, des raisonnements précis, des formules exactes – et tout ceci en un temps strictement limité – sans suivre son texte de très près ?

Il n'existe qu'une méthode : lire ses notes, mais sans en avoir l'air. C'est le seul moyen *pour exprimer de manière vivante un contenu riche, précis, nuancé.*

Le travail écrit sera donc soigneusement préparé et présenté ; puis, oralement, vous direz bien exactement tout ce que contiennent vos notes, mais en essayant de **vous en détacher le plus possible** pour ne pas avoir l'air de lire.

Cela suppose :
– *de connaître votre texte*, de l'avoir déjà lu deux ou trois fois pour y être à l'aise. Si vous déchiffrez, vous ne pourrez pas vous détacher de vos notes ;
– *de suivre votre texte en y jetant de fréquents coups d'œil*, mais sans garder le regard rivé sur vos notes ; terminez vos phrases en regardant l'auditoire ;
– *d'éviter le ton monotone de la lecture ;* soyez explicatif, pédagogique et convaincant.

C. Varier le ton et le débit

Tous les passages de l'exposé ne doivent pas être dits sur le même ton et à la même vitesse.

❑ Le plan
– L'annonce du plan, les intitulés des parties seront énoncés distinctement et lentement pour pouvoir être intégralement notés.
– À la fin de chaque subdivision (introduction, parties et sous-parties), vous garderez quelques secondes de silence pour *marquer une rupture* et indiquer que l'on va passer à un autre point.

❑ **Un passage difficile** doit être dit très lentement pour permettre à l'auditoire de suivre le raisonnement. Certaines phrases clés peuvent être répétées deux fois.

Au contraire, pour donner un exemple ou une illustration, vous adopterez un débit plus rapide.

❑ **Les idées directrices,** les conclusions de votre travail seront mises en relief par un ton clair et un peu martelé, destiné à attirer l'attention.

En bref, soyez volontaire, décidé à vous faire écouter et à forcer l'attention.

Les épreuves orales

Ne soyez pas l'étudiant...

– *imprévoyant, qui se laisse submerger par le rythme des cours et accumule un retard irrattrapable*
– *acculé par le temps parce qu'il a attendu les résultats des écrits pour réviser les oraux*
– *perdu dans les notes de cours d'un camarade, dans un manuel qu'il n'a jamais ouvert, dans une terminologie inconnue*
– *incapable de se faire un plan de travail et de le suivre*
– *passif, qui récite mollement et néglige de mettre en valeur ce qu'il sait*
– *trop angoissé pour éviter le trou de mémoire*
– *trop fatigué pour tirer parti de son travail.*

LES CLÉS

Réussir, c'est dominer

Si vous voulez réussir, si vous êtes de ceux qui y sont fermement décidés, ayez une mentalité de responsable et même de « gagneur », tant pour préparer un oral que pour passer les épreuves.

Tout au long de l'année, dominer, c'est ne pas se laisser dépasser et submerger, suivre les cours et non les subir, travailler régulièrement pour se maintenir à jour.

Devant l'examinateur, dominer, c'est donner une impression de maîtrise de soi et de maîtrise de la question, c'est avoir assez d'adresse et de présence d'esprit pour mettre en valeur ce que l'on sait.

Dominer, c'est prévoir

Pourquoi attendre d'avoir subi un échec pour admettre la nécessité de prévoir, de s'organiser, de préparer les épreuves longtemps à l'avance ?

Dans les matières où il n'existe ni séances de travaux dirigés, ni contrôle continu, personne n'impose un travail régulier, rien n'oblige à le répartir tout au long de l'année. Il appartient donc à chacun de s'organiser pour ne pas se laisser surprendre par l'ampleur des révisions et la brièveté de l'année universitaire.

I. La préparation des oraux

La préparation des oraux ne se réduit pas à une courte période située entre les écrits (ou même les résultats des écrits) et les épreuves elles-mêmes.

Les épreuves orales se préparent dès le début de l'année, méthodiquement, tranquillement, de façon à éviter toute panique et tout surmenage pendant la période des examens.

Et ne croyez pas qu'un tel dessein soit utopique et irréalisable.

Ne croyez pas que le travail fait d'avance sera oublié et perdu, qu'il est illusoire d'essayer de se maintenir à jour et que, de toute manière, tout sera à refaire dans les derniers jours.

Soyez persuadé, au contraire, que *le temps travaille avec vous* et que la maturation est indispensable.

Un savoir réellement assimilé est infiniment plus utilisable et rassurant que des connaissances superficielles, parce qu'acquises trop vite et trop récemment.

Il est parfaitement possible de préparer les oraux *d'avance et efficacement,* à condition d'avoir un peu de méthode et de veiller à toujours garder trace de son travail.

A. Tout au long de l'année : se tenir à jour

En première année surtout, si vous n'avez pas la volonté de *travailler régulièrement vos matières d'oral* (bien que personne ne vous l'impose), le retard sera irrattrapable et l'échec assuré. Il est déjà difficile de réviser des centaines et des centaines de pages en quelques semaines, mais il est impossible de les apprendre pour la première fois.

Donc, dès qu'un cours (annuel ou semestriel) est commencé, vous devez :
– étudier la matière une première fois ;
– préparer vos instruments de travail.

1. Si vous avez la possibilité d'aller au cours

Tirez-en tout le profit possible. Ne vous laissez pas envahir par la torpeur, la routine, ne prenez pas des notes mécaniquement, ne sautez pas un cours sur deux.

❏ **Suivez attentivement avec la volonté de comprendre** la cohérence de la matière et de dégager l'essentiel. Essayez d'avoir une vue d'ensemble, de saisir le plan général et les idées directrices.

❏ **Prenez des notes avec l'intention de vous constituer un bon instrument de travail**, clair, lisible, bien présenté. En écrivant, pensez qu'il doit être possible – et même facile – de les relire, de les comprendre, de les apprendre (sur les notes de cours, v. *supra*).

❏ **Revoyez vos notes pour vous tenir à jour.** Si vous vous contentez d'empiler des pages de notes dans chaque matière, vous oublierez très vite ce qu'elles contiennent et vous n'aurez en rien avancé votre travail à venir.

Pour fixer le cours dans votre esprit et préparer efficacement les révisions de fin d'année, il est indispensable de reprendre vos notes chaque semaine dans chaque matière pour :
– les relire attentivement ;
– les souligner et en améliorer la présentation ;
– les classer dans des dossiers divisés de façon à faire ressortir le plan du cours (n'oubliez pas d'inscrire les titres des subdivisions et les plans internes sur ces dossiers, v. *supra*).

Il est essentiel de faire ce travail régulièrement. Vous y passerez *peu de temps*, et en retirerez un *bénéfice considérable*.
– D'abord, les cours de la semaine suivante vous paraîtront plus intéressants et plus clairs ; vous suivrez réellement au lieu de noter sans comprendre.
– Ensuite, à la fin de l'année (ou du semestre), vous gagnerez un temps précieux et vous éviterez tout affolement. Lorsque vous commencerez la préparation de l'épreuve orale, la matière aura déjà été vue entièrement une fois. Il s'agira véritablement de la réviser et non d'en prendre connaissance, ce qui est très différent.
– En outre, vous disposerez d'un *excellent instrument de travail, en ordre, clair, et déjà familier*. Votre temps pourra être consacré entièrement à du travail efficace au lieu d'être gaspillé à chercher, à ranger, à essayer de comprendre de quoi il est question...

2. S'il vous est impossible d'assister au cours

Soyez conscient qu'un effort supplémentaire vous est nécessaire. Ne bénéficiant pas de l'aide et du soutien qu'apporte le cours, vous risquez de délaisser vos matières d'oral, alors qu'il vous est d'autant plus indispensable de les travailler tout au long de l'année.

❑ **Pour travailler efficacement**
Il n'est pas recommandé d'apprendre de bout en bout n'importe quel manuel correspondant au titre du cours sans chercher à se renseigner sur ce qui est effectivement traité par le professeur.

Dans toute la mesure du possible, ayez *quelques contacts* avec votre professeur et avec des étudiants qui suivent son enseignement.

Procurez-vous au minimum le *plan du cours* et un *manuel conseillé*.

Avant les examens, *renseignez-vous* encore une fois sur le programme effectivement traité, sur les questions signalées comme importantes, sur les exigences ou les méthodes particulières que peut avoir votre professeur.

❑ **Pour vous tenir à jour**
Régulièrement, tout au long de l'année, *vous apprendrez et vous résumerez le manuel conseillé* (selon les conseils donnés v. *supra*, chapitre 1), en respectant autant que possible le plan et l'optique du cours.

Ce travail remplacera pour vous l'assistance au cours ; car, en résumant, vous apprenez la matière et vous vous constituez un instrument de travail pour les révisions de fin d'année.

B. Deux mois avant les examens : commencer les révisions

À ce moment, il est temps de réviser calmement des questions importantes et de prendre une vue d'ensemble sur une grande partie du cours ; il est encore temps de combler des lacunes, ou de se faire expliquer ce que l'on n'a pas compris.

Ayez donc la volonté – et la prudence – de commencer à réviser vos épreuves orales en même temps que vous préparez les écrits. Après, il sera trop tard pour éviter le surmenage, les confusions, les trous de mémoire.

Pour ces révisions, inspirez-vous des conseils donnés au chapitre 1. Poursuivez toujours le double objectif de *comprendre pour retenir,* et de vous *préparer des instruments de travail* pour le moment des révisions intensives.

– Lisez un manuel parallèlement au cours.
– Écrivez le résumé ou le plan détaillé des questions importantes.
– Faites des fiches de définition.

– Ne travaillez pas toujours seul : il est souvent profitable de s'exercer à exposer à un camarade une question que l'on pense connaître, ou bien d'écouter quelqu'un expliquer ce qu'il a compris.

C. Une semaine avant l'épreuve : les révisions intensives

Si vous avez suivi les conseils qui précèdent, vous abordez la période des examens sans appréhension, avec un acquis et des bases solides :
– vous êtes à l'aise dans le plan du cours, et dans sa terminologie ;
– vous avez déjà revu un bon nombre de chapitres (et les derniers, traités récemment, sont encore présents à votre esprit) ;
– vous savez exactement où trouver chaque question ;
– vous disposez de plans, de fiches, de résumés permettant des révisions rapides et efficaces.

Pendant les quelques jours de travail intensif qui précèdent l'épreuve, il vous reste à revoir une dernière fois la matière dans sa totalité.

1. Commencez par une révision générale

Fixez-vous pour objectif :
– de prendre une vue d'ensemble du programme traité et de coordonner entre elles les diverses questions,
– de vous remettre en mémoire les questions déjà étudiées,
– de repérer les questions mal connues ou mal comprises.

❑ **Relisez vos notes de cours,** ou bien le manuel dans lequel vous avez travaillé toute l'année, **dans leur intégralité** (sur la lecture active, v. *supra*).
– Ne négligez ni les introductions ni les généralités.
– Parcourez vite les passages que vous connaissez bien.
– Rafraîchissez vos connaissances sur les points un peu oubliés en vous aidant de vos fiches, de vos plans et résumés.

❑ Cette révision générale doit être menée **assez rapidement, et selon un plan de travail préétabli** (il ne s'agit pas de passer trois jours sur le premier chapitre si le cours en compte quinze).

Si vous rencontrez des passages peu clairs, ou particulièrement difficiles à retenir, ne vous y attardez pas. Notez-les pour penser à y revenir et poursuivez votre révision jusqu'au bout. Beaucoup de difficultés se résorberont d'elles-mêmes lorsque vous aurez l'ensemble du cours présent à l'esprit.

Cependant, il restera certainement un effort à fournir.

2. Vérifiez vos connaissances et comblez les lacunes

Pendant les deux ou trois jours précédant l'épreuve, il faut travailler *efficacement*. Pour cela, vous *alternerez deux genres d'exercices différents*.

❑ **Sur les parties du cours que vous pensez connaître, vous testerez vos connaissances,** en essayant de retrouver de mémoire :
– les définitions,
– la place de la question dans le plan général du cours,
– les divers points à aborder successivement pour la traiter (plan interne de la question).

Demandez-vous enfin si le contenu de la question, les développements, les précisions sont présents à votre esprit.

Ce travail peut se faire :
– soit en feuilletant les notes de cours ou le manuel ; lorsque vous rencontrerez une tête de chapitre ou le titre d'une question, tâchez d'en retrouver rapidement le plan interne, puis l'essentiel des développements ;
– soit à deux, en se testant mutuellement ; mais ne perdez pas de temps à « réciter » intégralement les questions, vérifiez seulement que vous êtes capable de vous les remémorer.

❑ **Sur les questions mal sues ou mal comprises, vous comblerez les lacunes,** en commençant par les plus graves.

Un mémento ou aide-mémoire peut vous aider si les lacunes sont importantes et si vous vous êtes laissé acculer par le temps. Vous y trouverez des plans détaillés et des résumés qu'il vous faudra comprendre et retenir rapidement. Si vous êtes assez adroit pour en tirer parti par une bonne présentation et une bonne expression orale, ce mémento peut vous éviter l'échec.

Mais si vous avez travaillé régulièrement, il vous restera seulement à résorber quelques difficultés, à réviser quelques mécanismes délicats, à retenir par cœur quelques points précis.

Ne vous acharnez pas à travailler dix-huit heures d'affilée la veille de l'épreuve ; ayez le bon sens de vous détendre et de dormir : vous n'avez rien à gagner à paraître épuisé et hagard devant l'examinateur.

CONSEILS PRATIQUES

Soyez en bonne condition physique

À l'examen, vous ne serez pas noté sur votre mérite, mais sur vos résultats. Il est peut-être très méritoire de travailler jour et nuit sans se ménager, mais en l'occurrence, ce serait une grave erreur : que diriez-vous d'un sportif tellement épuisé par son entraînement qu'il serait incapable de jouer le match ?

En préparant vos examens, mettez-vous dans l'optique de celui qui va devoir affronter une épreuve physique et nerveuse et qui doit mettre toutes les chances de son côté.

Pour tirer le meilleur parti de votre intelligence et de votre mémoire, il vous faudra du *sang-froid,* de la *présence d'esprit,* de la *lucidité.*

Pour mettre en valeur ce que vous savez, il faudra vous exprimer facilement et correctement.

Une bonne forme physique est donc un atout capital. Si vous la compromettez, d'une manière ou d'une autre, vous perdrez tous vos moyens et votre travail aura été vain.

Connais-toi toi-même : tous n'ont pas la même concentration, la même mémoire, le même besoin de sommeil, la même résistance nerveuse... À chacun de se connaître et d'organiser son mode de vie et son rythme de travail pour rester en forme pendant la période des examens.

Ne gâchez pas toutes vos chances par des efforts désordonnés, excessifs, inefficaces, ménagez votre équilibre, afin de rester capable, le jour de l'épreuve, de tirer parti de ce que vous avez appris.

Préparez impeccablement une question pour le cas où l'examinateur vous laisserait le choix

Il arrive – rarement il est vrai – qu'un examinateur demande au candidat sur quelle question il souhaite être interrogé. Il peut ainsi l'inviter à choisir soit le sujet principal de l'interrogation, soit une question complémentaire ou subsidiaire.

Pour le candidat, cela peut être une grande chance. Mais pour l'examinateur, ce n'est pas seulement une faveur, mais aussi un test.

Car si l'étudiant se révèle incapable de traiter correctement un sujet qu'il a choisi, ou n'arrive même pas à en choisir un qui l'inspire, c'est le signe qu'il a négligé totalement la matière, ou bien qu'il est incapable de maîtriser une question.

Sur un sujet que l'on a choisi, on ne peut se permettre d'être médiocre. Cela laisserait à penser que sur tous les autres, on serait carrément mauvais.

Ce choix laissé au candidat ne représente donc une chance que pour celui qui est capable de la saisir et qui s'y est préparé. Pour les autres, ce serait plutôt un piège.

Pour être prêt à toute éventualité, décidez d'avance de la question que vous choisiriez si on vous le propose (il est mal venu d'hésiter longuement).

Choisissez un beau sujet, présentant une certaine unité, et que vous connaissez bien pour l'avoir particulièrement étudié au cours de l'année. Préparez une réponse complète et bien construite, et apprenez-la « sur le bout du doigt ».

Le cas échéant, ne récitez pas cette réponse à toute allure comme un perroquet. Donnez à l'examinateur l'impression que vous maîtrisez bien la question, mais pas que vous l'avez apprise par cœur entre toutes !

Vous saurez ainsi profiter de la chance qui vous est offerte.

II. La réponse orale

La réponse orale est, elle aussi, un exercice dont il faut apprendre la technique. À connaissances égales, la note d'oral peut varier du simple au double selon le savoir-faire, l'expression orale, la présence d'esprit et l'expérience du candidat.

Persuadez-vous que votre réussite, l'impression que vous produirez sur l'examinateur, ne dépendent pas uniquement de votre savoir, mais aussi, dans une proportion importante, **de la manière de présenter et de mettre en valeur ce savoir**. Avec un peu de méthode et d'entraînement, vous améliorerez considérablement votre « score ».

Lorsque vous entrez dans la salle d'examen et que vous tirez la question, ne considérez pas que les dés sont jetés et que vous ne pouvez plus rien à l'affaire. Il vous appartient, au contraire, de tirer le meilleur parti possible de connaissances, qui sont ce qu'elles sont, mais que vous devez vous appliquer activement :
– à rappeler à votre esprit le plus efficacement possible,
– puis à exposer le plus avantageusement possible.

A. Comment se remémorer la réponse

La réponse ne revient pas toujours à l'esprit par une sorte de déclic magique. La fatigue, la tension nerveuse, l'abondance des matières révisées provoquent souvent *des trous de mémoire ou des confusions*.

Mais, contrairement à ce que croient beaucoup d'étudiants, de telles difficultés ne sont pas irrémédiables. *On peut apprendre à les surmonter, à solliciter sa mémoire, à réfléchir* afin de retrouver, de proche en proche, et par associations d'idées, des souvenirs qui vous fuient.

1. Replacez la question dans son contexte

Essayez de vous rappeler dans quelle partie du programme elle figure, puis dans quel chapitre, et quelles sont les questions voisines. À l'aide de ce contexte, vous retrouverez déjà des traits essentiels et vous susciterez des associations d'idées.

> **Par exemple :**
> la question porte sur « la coutume ». En vous souvenant que la coutume a été étudiée en début d'année, dans la partie du cours relative aux « sources du droit », et dans un chapitre faisant suite à « la loi », vous amorcez déjà le processus de remémorisation.

Notez que cette démarche *suppose de connaître le plan des cours*. Mais elle vous sera toute naturelle si, depuis le début de l'année, vous avez pris l'habitude d'ordonner toutes vos connaissances – et de classer tous vos *dossiers* – selon ce plan (v. *supra*).

2. Réfléchissez sur les mots qui composent la question

Essayez de *retrouver les définitions* (en vous aidant au besoin de l'étymologie) et de replacer les notions évoquées dans les systèmes, les ensembles, les classifications dont elles font partie.

À propos d'un terme, d'un concept, d'une notion de droit on peut généralement se poser les trois questions suivantes :

1. De quel ensemble plus général fait-il partie ?
2. Quels sont les traits qui le caractérisent et en font la spécificité ?
3. En quels sous-ensembles se subdivise-t-il lui-même ?

> Par exemple :
> la question porte sur « les droits réels ».
> 1. Les droits réels font partie de la catégorie générale des droits subjectifs patrimoniaux.
> 2. Traits caractéristiques : ils portent directement sur une chose ; le droit de suite et le droit de préférence les rendent opposables à tous.
> 3. Ils se subdivisent en droits réels principaux et droits réels accessoires.

❏ **Notez** que les définitions et classifications vous seront familières si vous avez pris soin toute l'année de retenir la terminologie, de faire des *fiches de définition* et d'utiliser un *lexique* juridique.

3. Essayez de retrouver les grandes subdivisions de la question

Selon quel *plan* est-elle traitée, quels sont les *points à étudier successivement* ? Les efforts d'approche déjà accomplis vont vous aider considérablement à retrouver le contenu de la question et sa physionomie générale.

Notez que la structure interne des questions vous reviendra facilement en mémoire si, au cours de l'année, vous avez fait des *résumés* et des *plans détaillés* et que vous les avez révisés avant l'examen.

En bref, appliquez-vous à vous-même la fameuse méthode dite « du tire-bouchon ». Son efficacité est bien connue, mais vous avez tout intérêt à solliciter vous-même votre mémoire plutôt qu'à laisser l'examinateur le faire.

Naturellement, selon le niveau de vos connaissances, l'effort de remémorisation sera plus ou moins fructueux.

Pendant le temps qui vous est généralement accordé pour préparer le sujet, notez tout ce qui vous revient à l'esprit, de manière très rapide et très abrégée, mais en vous efforçant autant que possible de classer un peu les éléments de réponse :

– en haut de la feuille, le cadrage du sujet, les définitions, les généralités ;
– puis la liste des points principaux à développer, que vous écrirez en laissant de larges espaces entre chaque titre ;
– puis le plus possible de subdivisions, de développements, de précisions sous chacun de ces titres.

En une dizaine de minutes, vous n'avez pas le temps d'écrire un véritable plan détaillé. Notez seulement ce petit pense-bête qu'il faudra ordonner et mettre en forme oralement.

CONSEILS PRATIQUES

Évitez, surmontez le trou de mémoire

Le trou de mémoire à l'oral n'est pas une fatalité inéluctable. Ses causes sont bien connues, il est le lot de ceux qui s'y prennent trop tard, et se trouvent acculés au bachotage et au surmenage.
– Le bachotage est à l'origine de *connaissances superficielles et fragmentées parce qu'acquises trop vite.*
– *Le surmenage entraîne émotivité, manque de confiance en soi, perte de tous les moyens de réaction.*

On prévient le trou de mémoire

– en préparant une épreuve assez tôt pour avoir le temps d'assimiler réellement ses connaissances, de comprendre les idées directrices, d'avoir une vue cohérente et structurée ;
– en s'organisant pour doser son effort d'après la résistance et les capacités dont on dispose ;
– en se conduisant avec bon sens avant la « rencontre ». Comment être lucide si l'on n'a pas dormi, si l'on a l'estomac vide, si l'on a abusé des excitants ou des calmants ?

On surmonte le trou de mémoire et on déclenche le rappel des connaissances, par la maîtrise de soi, par la réflexion, par les associations d'idées. En pays de connaissance, on ne reste pas longtemps perdu. Seule l'ignorance ne se surmonte pas.

Devant l'examinateur, invoquer un trou de mémoire est donc une excuse qui risque de se retourner contre vous. C'est seulement le signe que vous n'avez pas travaillé intelligemment, que vous n'avez aucun point de repère où vous raccrocher, que vous vous êtes épuisé sans résultat.

Si vous perdez le fil de votre exposé, respirez à fond, souriez, reprenez ce que vous venez de dire et réfléchissez, raisonnez, même tout haut, pour faire preuve – au moins – de sang-froid et de réflexion.

B. Comment présenter la réponse

Que la réponse préparée soit maigre ou étoffée vous gagnerez des points en la présentant correctement.

Il ne s'agit pas de déverser en désordre ce que vous savez, ni de vous arrêter de parler au bout de trente secondes. Quelles que soient vos connaissances – et surtout si elles sont superficielles –, *mettez-les en valeur en les présentant de manière progressive, structurée et adroite*. Ne livrez pas tout de go l'essentiel (ou le peu que vous savez), montrez-vous réfléchi et maître de la situation.

1. Une réponse orale se construit comme un petit exposé

Cet exposé comporte une introduction, une annonce des points à traiter, puis le développement de ces points.

❑ **Dans l'introduction,** en quelques phrases précises :
– situez, délimitez, définissez (comme toujours) ;
– donnez les traits caractéristiques essentiels ;
– annoncez les divers points que vous allez développer.

Cette entrée en matière ne doit pas contenir des banalités ou des généralités sans intérêt, mais, au contraire, apporter d'emblée les *précisions nécessaires pour cerner la question et l'éclairer*.

Une introduction ainsi conçue crée une *impression tout à fait favorable* sur l'examinateur. Elle montre que vous possédez la technique de l'exposé oral, adroit et structuré, et elle donne l'impression que vous dominez le sujet. Si par la suite, vos développements sont un peu superficiels, on vous pardonnera mieux d'ignorer certains détails.

❑ **En exposant les développements,** veillez à :
– structurer et ordonner l'exposé ;
– poser les problèmes avant de donner les solutions, poser les hypothèses avant de donner les règles applicables ;
– éviter les zones d'ombres : si vous ne vous souvenez pas d'une précision ou d'un chiffre ne le faites pas remarquer maladroitement, employez une périphrase et continuez sans vous arrêter ;
– développer tous les points que vous avez annoncé, sans perdre le fil même si l'examinateur vous interrompt par une question : répondez-lui, puis reprenez votre exposé.

2. La qualité de la réponse ne dépend pas seulement de la mémoire

Vous allez être jugé, et noté, au terme d'un entretien. Prenez conscience de tous les paramètres qui contribuent à créer une impression favorable ou défavorable. Comme font les candidats à un emploi, *apprenez à mettre toutes les chances de votre côté*, pour plaire et être pris. Cela vous servira bientôt sur le marché du travail.

En plus, ou, pourquoi pas, à la place de connaissances, quelles qualités entrent donc en ligne de compte dans l'appréciation d'un examinateur ?
– D'abord (comme on l'a dit), l'habileté à « amener » le sujet et à structurer la réponse ;
– puis la réflexion, le bon sens, l'esprit juridique ;
– la qualité de l'expression orale : parler distinctement en regardant l'interlocuteur, terminer ses phrases, employer un vocabulaire riche, une terminologie exacte, une syntaxe correcte ;
– la culture générale, l'intérêt porté à l'actualité, une certaine maturité d'esprit dépassant le « scolaire » ;
– et enfin, l'amabilité, le sang-froid, l'aisance dans une attitude ferme et résolue.

Bref, à l'examen, comme dans la vie, ce que l'on *est* compte autant que ce que l'on *sait*.

Que cela vous détourne une dernière fois de compter uniquement sur votre mémoire pour réussir ; que cela vous incite à profiter pleinement de ces années d'études supérieures pour vous exercer à la curiosité, à l'initiative, au plaisir d'apprendre.

Si je ne termine pas ces conseils aux étudiants en droit en leur recommandant d'être « motivés », c'est que je préfère réserver cet adjectif aux décisions de justice, et, pour m'adresser aux étudiants, reprendre la pressante interpellation de Gide à son lecteur : « Nathanaël, je t'enseignerai la ferveur ».

TABLE DES MATIÈRES

Sommaire V
Avant-propos VII

CHAPITRE 1. APPRENDRE LE COURS

Les clés 2
Comprendre pour apprendre 2
Apprendre la terminologie 2
Garder une trace de votre travail 2

I. **Importance du plan** 3
   A. Au cours 3
   B. Pour entreprendre l'étude d'une question 3
   C. Pour se remémorer une question 4
   Conseils pratiques : Matérialiser le plan 5

II. **Importance de la terminologie** 7
   A. Apprendre à définir les notions juridiques 7
      1. Qu'est-ce qu'une notion juridique ? 7
      2. Les classifications 8
   B. Apprendre à traduire en termes juridiques les faits, les actes, les situations de la vie courante 8
   C. Apprendre la précision technique 9
   D. Se familiariser avec le langage judiciaire 9
      1. Importance pour l'étude de la jurisprudence 10
      2. La modernisation du langage judiciaire 10
   Document : Extrait de textes rédigés par la Commission de modernisation du langage judiciaire 10
   Conseils pratiques : Le fichier de définitions 14

III. **La lecture du cours** 16
   A. Le cours du professeur 16
      1. Un polycopié ou un manuel fait par votre professeur .. 16
      2. Les notes prises au cours 16
   B. Un précis ou un manuel 17
   C. Un traité plus approfondi 18
   Conseils pratiques : Comment lire ? 19

IV. **Le résumé du cours** 20
   A. Sélectionner des questions de cours 20
   B. Résumer une question de cours 21

CHAPITRE 2. LIRE ET COMPRENDRE UNE DÉCISION DE JUSTICE

Les clés	24
Avoir compris le rôle de la jurisprudence	24
Avoir étudié la formation de la jurisprudence	24
Se montrer persévérant	25

I. Se familiariser avec la présentation ... 27
    Un arrêt de la Cour de cassation publié au *Bulletin civil*   28
    • Construction de l'arrêt ... 29
    • Décodage de la référence ... 30
    Un arrêt de rejet de la Cour de cassation publié au *Dalloz* ... 30
    • Construction de l'arrêt ... 31
    • Décodage de la référence ... 32

II. Comprendre la décision ... 32
    Un arrêt de rejet publié au *Répertoire Defrénois* ... 32
    Conseils pratiques : Pour vous exercer ... 33
    • Décodage de la référence ... 34
    Un arrêt de la Cour de cassation publié à *La Gazette du Palais* ... 35
    Conseils pratiques : Pour vous exercer ... 37
    Un arrêt d'appel publié au *Dalloz* ... 37
    • Décodage de la référence ... 39
    Conseils pratiques : Pour vous exercer ... 39
    Une décision du Conseil d'État publié à la *Semaine juridique* ... 40
    Un arrêt du Tribunal des conflits (*Blanco*) ... 41
    Une décision du Conseil constitutionnel publié à la *Semaine juridique* ... 42
    Un arrêt de la Cour européenne des droits de l'Homme publié à la *Semaine juridique* ... 44
    Un arrêt de la Cour de justice des Communautés européennes publié à la *Semaine juridique* ... 47
    Un arrêt en forme de syllogisme ... 50

CHAPITRE 3. LA FICHE DE JURISPRUDENCE

Les clés	52
Rentabiliser votre travail	52
Acquérir des réflexes d'analyse	52

I. **L'analyse d'une décision** 53
   A. Comment analyser une décision 53
      1. Faites apparaître la structure 53
      2. Recherchez et notez les éléments à retenir 53
   Conseils pratiques : Comment s'y prendre pour analyser une décision 54
   B. Le plan-type d'une fiche de jurisprudence 54
      1. Les faits 55
      2. La procédure 55
      3. Les thèses en présence 55
      4. Le problème de droit 55
      5. Le sens de la décision 56
II. **Exemple** 56
   Conseils pratiques : Les précisions à mentionner dans la fiche 57
      1. L'arrêt 58
      2. La fiche 59

CHAPITRE 4. CHERCHER ET TROUVER DE LA DOCUMENTATION

Les clés 62
Apprendre et comprendre avant d'entreprendre des recherches 62
Savoir où chercher 62
Le droit est dans les livres 62
Savoir comment s'y prendre pour approfondir une question 63
I. **Comment chercher** 65
   A. Première étape : acquérir les connaissances de base ... 65
   B. Deuxième étape : concentrer l'étude sur une question précise 65
      1. Situer, cerner, délimiter le sujet 66
      2. Approfondir l'étude d'une question 67
   C. Troisième étape : faire des recherches 67
      1. Relever des références 68
      2. Trouver la documentation à la bibliothèque 68
      3. Analyser et trier la documentation 69
      4. Noter l'inventaire 70
II. **Où trouver** 70
   Conseils pratiques :
   Prenez l'habitude de faire un inventaire 71
   La marche à suivre pour étudier une question de manière approfondie 72

A. Les codes	73
Conseils pratiques : Acquérir et utiliser les codes	73
1. À qui sont-ils destinés ?	74
2. Description	74
B. Les traités, manuels, précis, mémentos	76
1. À qui sont-ils destinés ?	76
2. Description	76
Conseils pratiques : Acquérir, utiliser un traité	78
Conseils pratiques : Acquérir et utiliser des manuels et des précis	79
Conseils pratiques : Acquérir, utiliser des mémentos	80
C. Les encyclopédies juridiques ou répertoires	80
1. À qui sont-ils destinés ?	80
2. Description	81
3. Deux exemples d'encyclopédies juridiques	81
Conseils pratiques : Consulter les encyclopédies	84
D. Les monographies, les thèses et les mélanges	84
1. La monographie	85
2. La thèse	85
3. Les mélanges	85
E. Les revues juridiques	85
1. Le *Journal officiel*	86
2. Les *Bulletins de la Cour de cassation*	86
Conseils pratiques : Avantages et inconvénients des *Bulletins de la Cour de cassation*	88
3. Le *Dalloz*	88
4. La *Semaine juridique* ou *Juris-classeur périodique*	91
5. La *Gazette du Palais*	92
Conseils pratiques : Faites connaissance avec les grandes revues de droit général	94
6. Le *Recueil Lebon* ou *Recueil des arrêts du Conseil d'État*	95
7. La *Revue trimestrielle de droit civil*	96
8. La *Revue du droit public et de la science politique*	96
9. L'*Actualité juridique Droit administratif*	97
10. Le *Répertoire du notariat Defrénois*	97
11. *Les Petites Affiches*	98
F. La documentation électronique	98
1. Les CD-Rom	99
2. Internet	100

Conseils pratiques : La difficile hiérarchisation
de l'information 102
G. Les dictionnaires, lexiques et vocabulaires juridiques .. 104
Conseils pratiques : Acquérir et utiliser un lexique juridique . 105
H. La grande presse 105
Conseils pratiques : Lire *Le Monde* 105

CHAPITRE 5. LA DISSERTATION JURIDIQUE

Les clés 108
Savoir ce que l'on veut dire 108
Avoir une pensée cohérente 108
Soigner la présentation 108
I. **La préparation** 109
   A. Étudier le sens du sujet 109
      1. Lisez le sujet 109
      2. Recherchez son sens exact 110
   B. Faire l'inventaire du contenu 110
      1. Dissertation en temps libre 110
      2. Dissertation en temps limité 110
   C. Ménager un temps de réflexion 111
   D. Prendre des décisions explicites 112
      1. Première décision : choix des grands axes
         et des pôles d'intérêt 113
      2. Deuxième décision : choix d'un genre 114
   Conseils pratiques : Comment programmer la préparation . 115
II. **Le plan** 116
   Conseils pratiques : Prenez modèle sur les plans de vos
   cours et de vos manuels 117
   A. Le moule traditionnel de la dissertation juridique 117
   B. L'introduction 118
   C. La construction 119
      1. Plans de fond et plans d'idées 120
      2. Plans techniques 120
   Conseils pratiques : Pour passer de l'inventaire au plan 122
III. **La rédaction** 123
   Conseils pratiques : Faut-il faire un brouillon ? 123
   A. La présentation 124
   B. Le style 124
   C. Le contenu 125

CHAPITRE 6. LE COMMENTAIRE D'ARRÊT

Les clés 128
Entreprendre le commentaire d'arrêt sur des bases solides 128
Savoir s'adapter 128
Conseils pratiques : Recherchez d'où viennent vos difficultés 131

I. **Qu'est-ce qu'un commentaire d'arrêt ?** 133
   A. Les ingrédients à doser 133
      1. L'analyse de l'arrêt 133
      2. L'exposé du droit positif sur les questions qu'il soulève 133
      3. Une réflexion sur l'arrêt 133
   B. Les proportions 133
      1. La place à accorder à l'analyse 134
      2. L'étude du droit positif 134
      3. La part de réflexion sur l'arrêt 134

II. **La préparation** 135
Conseils pratiques : La marche à suivre pour préparer un commentaire d'arrêt 135
   A. L'analyse de l'arrêt 136
      1. Position du problème 136
      2. Analyse du sens de la décision 137
      3. Analyse de la motivation 138
   B. L'étude de la question de droit 138
Conseils pratiques : Notez les inventaires 139
   C. Les questions à se poser pour le commentaire proprement dit 139
      1. Première question : La décision est-elle conforme au droit positif ? 140
Conseils pratiques : Mettez tous vos soins à confronter la décision avec le droit positif antérieur 142
      2. Deuxième question : La décision mérite-t-elle d'être approuvée ou critiquée, et pour quelles raisons (valeur de l'arrêt) ? 143
Conseils pratiques : Pour nourrir la discussion critique 145
      3. Troisième question : Quelles sont les incidences juridiques et extra-juridiques de l'arrêt ? Quel est son rôle dans l'évolution ultérieure de la jurisprudence (portée de l'arrêt) ? 145
Conseils pratiques : Exercez-vous progressivement à étudier le rôle et les incidences d'une décision 149

III. **Le plan**	150
Conseils pratiques : Comment utiliser les plans-types	150
Plan : I – Les données du litige, II – L'issue du litige	151
Plan : I – Analyse, II – Discussion	153
Plan : I – Sens, II – Portée, III – Valeur	155
Plans de « fond » construits d'après les divers aspects des questions tranchées	158
Plan : I – Examen du 1er problème, II – Examen du 2e problème	159
Conseils pratiques : Pour la présentation du commentaire d'arrêt	160

CHAPITRE 7. LE CAS PRATIQUE ET LA CONSULTATION

Les clés	162
Que vous demande-t-on ?	162
Un exercice de précision	162
Un exercice peu formaliste	162
Une méthode de raisonnement valable pour toute réponse	162
I. **La recherche d'une solution**	165
A. La lecture de l'énoncé	165
B. L'analyse du cas	166
1. Schématiser les faits	166
2. Découvrir et situer les questions	166
C. L'étude des questions de droit	167
Conseils pratiques : Récapitulez l'ensemble du régime applicable	168
D. La vérification des solutions envisagées	168
II. **La motivation des réponses**	169
A. Qualifications juridiques	170
1. La qualification juridique des faits	170
2. La qualification juridique de la question posée	171
B. Règles applicables	171
C. Solutions	172
III. **Construction**	173
A. Schéma d'un cas pratique comportant plusieurs questions	173
B. Schéma d'un cas pratique ne comportant qu'une question (consultation)	174
Conseils pratiques : Comment utiliser les schémas	175

    IV. **Jusqu'où étendre les réponses ?** 175
        A. Laissez-vous guider par l'énoncé 176
           1. Exploitez tous les termes de l'énoncé 176
           2. Ne changez rien à l'énoncé 176
           3. Peut-on ajouter des suppositions à l'énoncé ? 176
        B. Laissez-vous guider par le genre de l'exercice 178
        C. L'art d'indiquer sans développer 178
    Conseils pratiques : La marche à suivre pour résoudre un cas pratique 179

CHAPITRE 8. LE COMMENTAIRE DE TEXTE

    Les clés 182
    Qu'est-ce qu'un commentaire de texte ? 182
    Les deux écueils à éviter 182
    Avoir appris et faire état de ses connaissances 182

    I. **La préparation** 185
        A. L'examen descriptif 185
        B. L'analyse du texte 185
           1. Étudiez la structure du texte 185
           2. Étudiez la terminologie 186
           3. Étudiez le sens du texte 187
        C. La recherche de l'environnement juridique du texte ... 187
           1. En amont du texte 188
           2. Parallèlement au texte 188
           3. En aval du texte 188

    II. **Le plan** 189
        A. Suivre le plan du texte 189
        B. Comment construire le commentaire 189
        L'introduction : un schéma courant 190
    Conseils pratiques : La marche à suivre 191

CHAPITRE 9. LA NOTE DE SYNTHÈSE

    Les clés 194
        Ce que l'on attend de vous 194
        La synthèse doit 194
        La synthèse ne doit pas 194

    I. **La préparation** 195
        A. La prise de contact avec le dossier 195
           1. Le sujet qui vous est imposé 195

2. Le dossier qui vous est remis	195
3. Les documents à classer	195
4. Dans quel ordre aborder les documents ?	196
B. L'analyse de base	196
1. Lisez attentivement en soulignant et en annotant	196
Conseils pratiques	202
2. Sélectionnez les informations	202
C. La synthèse	203
Conseils pratiques : La gestion du temps	203
II. L'élaboration	204
A. Le plan	204
Conseils pratiques	204
B. La rédaction	204
Conseils pratiques	205

CHAPITRE 10. L'EXPOSÉ ORAL

Les clés	208
L'exposé est un exercice de communication	208
En préparant et en disant votre exposé, pensez à votre auditoire	208
Conseils pratiques : Prendre ou ne pas prendre d'exposé ?	209
I. La préparation	209
A. Les centres d'intérêt	210
B. Le plan	210
C. L'introduction	210
D. Le style	211
E. Le minutage	211
1. Respectez le temps imparti	211
2. Chronométrez-vous à l'avance	212
Conseils pratiques : La présentation des notes	212
II. La parole en public	213
A. Parler lentement et distinctement	213
B. Lire... mais sans en avoir l'air	214
C. Varier le ton et le débit	214

CHAPITRE 11. LES ÉPREUVES ORALES

Les clés	218
Réussir, c'est dominer	218
Dominer, c'est prévoir	218

I. **La préparation des oraux** 219
  A. Tout au long de l'année : se tenir à jour 219
    1. Si vous avez la possibilité d'aller au cours 219
    2. S'il vous est impossible d'assister aux cours 220
  B. Deux mois avant les examens : commencer les révisions 221
  C. Une semaine avant l'épreuve : les révisions intensives 222
    1. Commencez par une révision générale 222
    2. Vérifiez vos connaissances et comblez les lacunes . 223
  Conseils pratiques :
  Soyez en bonne condition physique 224
  Préparez impeccablement une question pour le cas où l'examinateur vous laisserait le choix 224

II. **La réponse orale** 225
  A. Comment se remémorer la réponse 226
    1. Replacez la question dans son contexte 226
    2. Réfléchissez sur les mots qui composent la question 226
    3. Essayez de retrouver les grandes subdivisions de la question 227
  Conseils pratiques : Évitez, surmontez le trou de mémoire . 228
  B. Comment présenter la réponse 229
    1. Une réponse orale se construit comme un petit exposé 229
    2. La qualité de la réponse ne dépend pas seulement de la mémoire 230

Photocomposition : C*MB* Graphic
44800 Saint-Herblain

IMPRESSION, BROCHAGE

42540 ST-JUST-LA-PENDUE
SEPTEMBRE 2007
DÉPÔT LÉGAL 2007 N° 6386

707541 - (I) - (17) - CSB-G - 80g - CMB - (CDR)

IMPRIMÉ EN FRANCE